U0578572

奎文萃珍

讀畫齋偶輯

[清]鮑廷博等 輯
[清]顧修 刻

文物出版社

圖書在版編目（CIP）數據

讀畫齋偶輯 / (清) 鮑廷博等輯 ; (清) 顧修刻. -- 北京 : 文物出版社, 2023.3
（奎文萃珍 / 鄧占平主編）
ISBN 978-7-5010-7468-6

Ⅰ. ①讀… Ⅱ. ①鮑… ②顧… Ⅲ. ①歷史人物 – 列傳 – 中國 – 清代 – 圖集②題跋 – 作品集 – 中國 – 清代 Ⅳ. ①K820.49-64②I264.9

中國版本圖書館CIP數據核字(2022)第049722號

奎文萃珍
讀畫齋偶輯 〔清〕鮑廷博等 輯 〔清〕顧修 刻

主　　編：鄧占平
策　　劃：尚論聰　楊麗麗
責任編輯：李子裔
責任印製：張　麗

出版發行：文物出版社
社　　址：北京市東城區東直門内北小街2號樓
郵　　編：100007
網　　址：http://www.wenwu.com
經　　銷：新華書店
印　　刷：藝堂印刷（天津）有限公司
開　　本：710mm × 1000mm　1/16
印　　張：16.25
版　　次：2023年3月第1版
印　　次：2023年3月第1次印刷
書　　號：ISBN 978-7-5010-7468-6
定　　價：90.00圓

本書版權獨家所有，非經授權，不得復製翻印

序言

《讀畫齋偶輯》，清鮑廷博等彙輯，清嘉慶十四年（一八〇九）顧氏讀畫齋刻本。此書輯清初諸老畫像十一圖，每圖後録題畫詩文。

顧修，清乾隆、嘉慶時人，生卒年不詳。字仲歐，號松泉、菉厓。石門（今屬嘉興桐鄉）人，後徙居桐鄉。諸生。顧氏雅嗜書畫，自道『遇當代之名畫法書，必購得片紙以爲快』（顧修《讀畫齋題畫詩·凡例》）。著有《菉厓詩鈔》等，所編《彙刻書目初編》爲我國古代首部叢書目録。顧修家富藏書，言其室曰『讀畫齋』，兼爲雕版刻書之所。出版有《讀畫齋叢書》《南宋群賢小集》《讀畫齋題畫詩》及本書等。所重刻《南宋群賢小集》有嘉慶六年（一八〇一）王昶序，稱修時年將六十，而本書又爲已知顧修刻行最遲者，據此約略可推其大致生年。

顧修與同爲藏書家、出版家的鮑廷博（一七二八—一八一四）交好，其《讀畫齋叢書》即仿鮑氏《知不足齋叢書》體例而成。鮑廷博輯元人顧瑛《玉山逸稿》，則刊入《讀畫齋叢書·辛集》。《讀畫齋偶輯》亦由鮑氏發起，卷前鮑廷博序曰：『予與金鄂岩、楊文朴于前輩圖繪各有癖嗜，瀏覽所及，必抄撮其題咏以資考證。』『于是各從所知，輒轉相購，不逾月而得十有一圖，即商之樗盦臨成縮本，彙而刊之則讀畫齋主人顧菉厓也。』金鄂岩，即金德輿（一七五〇—一八〇〇），字鶴年，號雲莊、鄂岩。桐鄉人。監生，官刑部奉天司主事。善書，精藏鑒，富庋藏。著有《桐華館詩鈔》，輯校《桐華館史翼》等。楊文朴，即楊蟠，字旅吉，號文樸。嘉興人。諸生。以左手作書，而楷法工妙。方薰（一七三六—一七九九），字蘭坻，號蘭氏、樗盦，石門人。布衣。擅畫，著有《山静居畫論》，刻入《知不足齋叢書》。是《讀書齋偶輯》由鮑廷博與友人金德輿、楊蟠等共同倡成，經方薰縮臨，付顧修讀畫齋壽梓。

明清之際，繪像、題圖日益成爲文人雅士寄托心懷、彰顯才學的重要方式，而廣徵題咏、文友繼相倡和，更成一時風雅際會，爲後來者瞻思想望。《讀畫齋偶輯》彙刊順治、康熙名士王士禛、朱彝尊、陳維崧、李良年、朱昆田等繪像十一圖，而收録最多則朱彝尊四圖，合彝尊子昆田一圖，其數近半。

朱彝尊（一六二九—一七〇九），字錫鬯，號竹垞，晚號小長蘆釣魚師。秀水人。順治末年，與魏耕等人抗清，事敗倉皇出逃，長期流寓。至康熙十八年（一六七九）應博學鴻詞科，除檢討，參與修撰《明史》，屢有建言，史館多從之。二十二年（一六八三），入直南書房。彼時以鴻博應徵者多遭嫉，竹垞亦不免，次年以小事降調，棲遲京中六年始復官。三十一年（一六九二）再以事去官，歸鄉著述以終老。朱彝尊于清初文壇極富盛名，詩與王士禛并稱『南朱北王』，詞則創浙西一派。博通經史，撰成《經義考》等。朱彝尊之文與學既爲一代標的，其一生跌宕復久爲士人所慨惜。《讀畫齋偶輯》所刊四圖，以時間爲序，《烟雨歸耕圖》最早，康熙十一年（一六七二）錢塘戴蒼繪。時朱彝尊旅食京師，年半百而仕途無聞，有志隱于農耕，遂作此圖。《竹垞圖》第二，康熙十三年（一六七四）海陵曹岳繪。時竹垞客居通州潞河，因思鄉而繪此圖，藉吐中年漂泊之苦，亦暗含珍持才志深意。《小長蘆圖》第三，康熙二十八年（一六八九）江都禹之鼎繪。此圖爲朱彝尊、朱昆田父子雙人合像。朱昆田（一六五二—一六九九），字文盎，號西畯。太學生。博群籍，擅詩文，人稱『小朱十』，擬于其父（朱彝尊行十）。然久困場屋，游幕經年。康熙二十三年（一六八四）底，隨幕主山東巡撫張鵬進京，侍父同居。早卒。著有《漁笛小稿》《三體摭韵》等。繪此圖時，朱彝尊已謫官五年，昆田亦供職于京，此繪其父子聚守之狀。而圖曰『小長蘆』，同是故鄉舊處，與『竹垞』義相若。此圖前一年，朱昆田請禹之鼎繪《月波吹笛圖》，亦入《偶輯》。此圖寫秀水月波樓（即嘉興烟雨樓），寓意約略與前者同。《豆棚銷夏圖》最遲，康熙三十七年（一六九八）宣城梅庚繪。時竹垞年正古稀，已于二度罷官後引疾南歸，遂遠離官場塵囂，閉門著述。《偶輯》所選各圖，分别爲朱彝尊一生不同階段的寫照或托心。所輯題畫詩文，從像主的自題，至文友同道的倡和，重現當時題咏之情境，傳示繪圖藴含的深致内容。至《豆棚銷夏圖》乃僅繪者梅庚一咏，此外題圖全無。『對坐豆棚歌白雪』之句（梅庚題），正寫彼時自得心境。

清人李集《鶴徵録》載朱笠亭（炎）所稱『老輩海内有三圖』：『一爲家竹翁《烟雨歸耕圖》，一爲秋錦先生《灌園圖》，一爲陳迦陵先生《填詞圖》』，世人所寶。《烟雨歸耕圖》之外，另二圖亦爲《偶輯》收録。《灌園圖》，長洲文點繪。像主李良年（一六三五—一六九四），初名法遠，字武曾，號秋錦，秀水人。世居梅會里，與同里朱彝尊交厚，詩文齊名稱『朱李』。此圖所見最早題跋，爲康熙七年（一六六八）十一月汪琬《灌園圖記》：『（曾武）來游京師而惓惓于家貧親老，思以灌園爲菽水之助。』康熙六年，李良年北游赴京，逾年而落落無遇，思謀灌園于故鄉長水之上。困頓不可致，因繪圖以寄思。《填詞圖》，釋大汕繪。像主陳維崧

（一六二五—一六八二），字其年，號迦陵，宜興人。少負才名，吴偉業所譽『江左三鳳』之一。康熙十八年（一六七九）舉博學鴻詞科，授檢討。工詩文，尤擅詞，爲陽羨詞派領軍。此圖繪于康熙十七年（一六七八），圖成陳維崧即携之入京，遍請名流題咏，幾成同時期題圖最盛者。《灌園》《填詞》二圖，前者蹭蹬羈思，後者風流本色，同出于明清易代的動蕩之世，各自引起幾代士人的共情共鳴。

上舉以外，《讀畫齋偶輯》尚收録王士禛《載書圖》、尤侗《竹林宴坐圖》、田雯《大通秋泛圖》、李符《廬山行脚圖》，卷末楊蟠跋文紀次頗詳。諸畫部分原圖今已佚不存，即存亦多非易見，而爲《偶輯》彙輯一帙，圖文兼備。昔纂人興會之偶有所寄，壽諸棗木，可謂停過眼之烟雲，拓印爪之雪泥，今讀者展卷乃餘韵生香。

兹取首都圖書館藏清嘉慶十四年顧氏讀畫齋刻本爲底本影印發行，以饗讀者。

丁之涵

二〇二二年五月

讀書齋偶輯

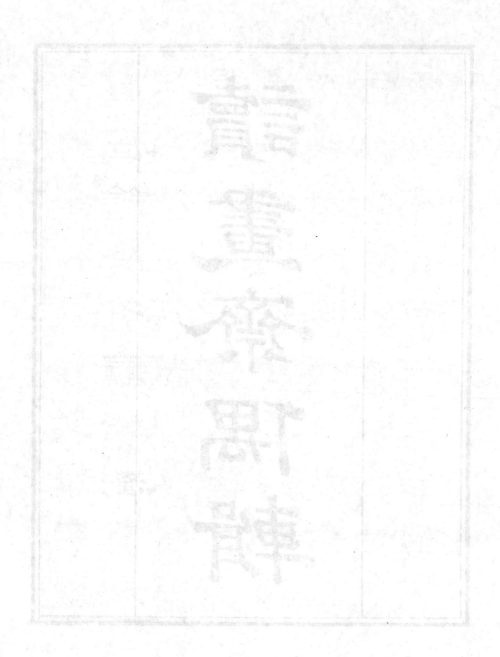

予與金鄴嚴楊文樸手[illegible]輩圖繪各有癖嗜瀏覽所及必抄撮其題詠以資考證每以未獲塡詞歸耕諸圖觀之爲憾于是各從所知轆轉相購不踰月而得十有一圖即吾之標盦臨成縮本彙而栞之則讀畫

首都圖書館藏書之章

齋主人顧荼厓之客有謂
予曰此十一圖皆銘心絕
品也棗木傳刻薇玩眷少
盍若藏其真蹟乎予哂曰
子之見刻舟求劒之說也
答人原圖傳不數述各已
散供即余與鄴巖文樸借
閱之霝亦如夢寐不復記

憶所謂煙雲之過眼雪泥之印亦是之今曰偶輯者以見興會之偶有所寄耳雖然不出一卷而各圖之題詠具在永不徵其勝于收藏真蹟遠矣文樸既為跋語余因述讀畫之端自郛巖發之助之者張仙苗

施少峯而成之者樗盦之
八十三叟鮑廷博添飲甫
序

讀畫齋偶輯目次

首都圖書館藏書之章

李分虎廬山行脚圖
朱西畯月波吹笛圖

載書圖

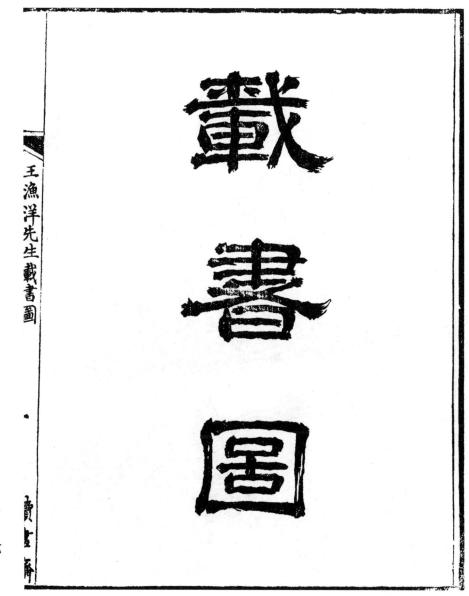

王漁洋先生載書圖　二　讀畫齋

載書圖

黃元

首都圖書館藏書之章

萬象雕琢遠皇古滚滚江河誰砥柱惟有泰山萬仞高卓立東溟帶齊魯層峰疊岫瞻嶽雲崇朝霖雨消塵氛觸石方舒倏復卷元氣厚蓄增絪緼昭代道隆不封禪憑玆雲氣敷禹甸靉靆須臾飛出山滂沱深慰重瞳眷 聖眷專注今何人漁洋夫子經術醇天將斗柄為喉舌 帝待秋卿秉軸鈞渥恩豈念林泉好莽莽松楸久未掃仰遵 聖孝苦陳情 九重聳聽恤懷抱覽表翻然重躊躇知

公恬退思遂初願謂宰相不下筆西曹非卿疇可
居爾乃給假止五月夏日歸廬冬赴闕　朝廷延
佇敢辭勞青山無榻容休歇攬轡來朝出國都生
平長物眞絶無惟載奇書數十乘道心追想龍河
圖到家族老敘年齒首撫階前諸幼稚竹林籦長
青龍孫榴火山輝丹鳳紙臨岐回顧諸門生獨憐
賤子方南征南征萬里何足道乘風破浪古人情
但悵無能長侍側矯首天南望天北顧起岱雲佐
龍鱗六合九州盡蘩殖

朱廷鉉

先生人倫宗出處衆所仰年〻北斗光輝煌照天
壤一朝懷負土未歸心已注泣上陳情書同朝為
惝怳
明詔何皇〻虗此文昌座五月促還朝登車期敢
過無傷孝子心詎失　盛朝佐君親兩無忝此行
足揚播
崔嵬華不注琳琅趵突泉驅車一俯仰故林發新
妍為問游釣侶于今誰在焉獨留訪舊詩永與山
水傳
山櫻果初熟岳珠引歸轡轉盻金風吹珂報動荷

芝豈徒白雲亭明刑有攸寄翹首開綸扉啓沃將
公倚

孫致彌

文陛辭崇切　形違寵眷深暫教尋謝墅還待作
商霖清白昭臣鵠公忠結　聖心自天虛獨座計
日望重臨祖帳都亭外歸程泰岱陰但携書滿載
寧問槖無金健謝鳩枝杖閑過蠶尾岑游真同晝
錦来莫後秋砧曾許溝中木堪陪爨下琴前期知
不遠小別意難任露浥黄花砌霜酣碧樹林黄金
臺下路翹首望車音

陳奕禧

春寒臥微痾忽動林壑志先公定窀兆地里當更
置一封陳情疏蒙　恩許襄事五月期還朝尚書
特虛位古來君臣際去就關大義潔清抱亮節交
孚乃深至文章既冠代眷注復殊異　上意方嚮
用臣心敢自諉循環四十年初衣未能遂茲行得
展掃孝思永不匱穹碑表隧道松楸護蒼翠觀者
皆感歎　皇仁宏錫類
峩、司寇門盡日常閴如往来數門生談笑時軒
渠纔聞請急帰廻念還躊躇私計雖出此但惱離

別初何期　聖明意頓使心神舒所親皆歡悦暫
為理行輿行李何所有落〻十乘書朝廷重老臣
情味何蕭疎去矣東都門垂楊蔭交衢紛紜來餞
送滿目盛簪裾應數北還日逢迎臨歲除
湯右曾
四紀列彤闈致君堯舜如大儒經世務所得古人
書職密典機衡心清抱冲虚一念滄海曲遥情賦
歸歟頗思　明主恩欲言復躊躇但申卭攏請未
及齒髮踈　至尊眷老臣温語聞直廬尚書昔天喉
舌公行不再除璽賜休沐閑五月田園居渚鴻任

翔集山雲從卷舒張飲東都門何如皆二䟽僕夫秣征馬門生扶籃輿墜軫三萬軸過此不顧餘清風誰當傳圖繪禹鴻臚風神照魚鳥情話樂里閭黄花九秋節采采盈衣裾丹雀銜書来翩翩玉林墟公其出為國未可云遂初

查昇

恩光親切始終專朝野東山望儼然拜手陳詞情懇懇　憑軒慰勞語拳拳兩全忠孝真無愧如此君臣事可傳早晚台星環北極佇聽曳履肅班聯姓名久擬卜金甌六合聲華孰可儔出處動關千

古事行藏肯為一身謀連雲祖帳疑無地壂擔書囊欲滕舟莫謂趨朝期太廹問誰休沐半年留

史申義

四十年來典禁林青霞朗月映華簪時清未抗歸田疏　主聖終移誓墓心衮繡山龍誰得補恩波魚水眷方深松楸此去鳴簫鼓霑灑明湖六月陰海岱精英鸞鳳聲孤忠　天鑒語分明九重心獨知清德四海名誰及老成此日殿廷皆動色向來門户有紛爭醇臣風節銷朋黨始信文章報國輕

祖帳青門萬騎催天街雨過不生埃丹傳扁鶴山

侵郭馬憶齊桓草上臺北斗共瞻虛位得東山未
擬隔年廻濃陰緑徧尚書省好聽音聲出古槐

許志進

先生幽意動夢繞水雲鄉得請恩誠渥言歸喜欲
狂晴郊柳色暗驛路棗花香故國滄洲遠心期魚
鳥旁
籬門擁竹樹舊是輞川居採藥行花徑頣生讀道
書心閒遺紱冕興懶狎樵漁散髮饒清暇山田一
荷鋤
傾都走儒雅觴咏祖行程共是龍門彦殊深御李

情文章歸玉尺出處繫蒼生他日鋒車詔中朝聽履聲

天語丁寧甚丹宸豈久違祗令公輔器暫着芰荷衣郎廟仍虛席林塘漫掩扉八騶行計日重迓衮衣歸

汪士鋐

蛇年建午月公還故山道　詔許瞻松楸殊恩自蒼昊邁種惟明刑歸　朝貴及早維時久不雨日出但杲杲為公洗征輪翻盆勢傾倒詰朝雨新晴天街淨如掃供帳繁生徒晤言暢懷抱有容前致

詞夫子盛天藻譬如鼓鴻鈞庶類出元造敷榮游
鄂新澄瑩氷雪皎格律叅微茫載籍恣搜討入河
萬派迴登岱羣山小　宸書帶經堂曾雲簇天表
緑綈三日壓拂拭待元老如何儀鳳姿翻作冥鴻
矯豈知夫子心遺榮勝勳考秋林縱霜鶻春雨鋤
煙草鵲湖蠶尾閒已覺歸心繞憶昔覓行笈京華
歎饑莩耘書劌鈔胥力作甚傭保波濤歷事辛崢
嶸歲時杳幸因孔李交春風動枯槁杖屨叅晨昏
鉛黃勘醜好雖勞匠氏斵寧得天機巧提携廿年
餘借羽翻籠鳥公乎來何時攬轡及冬杪為霖膚

寸雲應慰蒼生禱

用白傅公雖慕張范
帝未舍伊皋為韻　　汪倓

皇帝四十載蕤賓律方中公時得暫假五岳行瞻東斗杓俟履聲殊眷紆宸衷歷徵古昔人高懷孰如公

西京劇燕喜功業無多施東都盛祖餞官秩猶自卑誰歟接三台更肯吟四雖鵲山與蠶尾寤寐長懷思

懷思抑何殷松楸展孺慕　至尊為動頌感公此情愫稍辭掌典勞且即還山路王程忽有期五弦

瞻顧兎
臺閣踰十年始一還故鄉瞻送來羣工供帳已畢
張錐未辭貂蟬且作鸞鳳翔小住良復佳邱壑真
難忘
青葱織華裾繁纓綴金鎊蕩蕩西郊陰征鞍更一
摻邱園成薄游長吟對兩楹載書三十車應陋扁
舟范
協中致時雍賡歌侍虞帝帯經錫宸章䟫龍比
書勢城西別墅開五雲簇新第掃除持閑行花落
風亭砌

詞源方就湮萬派失奔彙非公一柱竪橫流吁可
畏秋雲比澄鮮春林並蓊蔚試問輞川人新詩及
公未
使節公所經游歷半中夏山川出詭奇靈府費陶
冶師集吟誦餘胝手誰能舍日誦五十箋蠅頭更
鈔寫
下材荷甄録訓誨曽弗遺退朝得參侍絃誦聞唔
咿公時發微言輕氷泮春颸愧非桃李隂門館隆
恩私
申章紙易竟別緒繭始繅公来只冬月令我心鬱

陶聊吟香山句用慰瞻佇勞　帝圖望丹青公勿
淹東皐

汪　繹

祖帳臨青門車馬紛喧闐借問此何為傾都餞名
賢須臾戒道來觀者行摩肩傔從無幾人行李何
蕭然五車載圖書任重驅不前六十古云老篤嗜
猶中天三事忽已貴咿唔甚寒氈中間千萬卷無
卷無丹鉛先生真遺榮擲此歸心堅豈知　帝所
眷未許安林泉還將稽古力來佐昇平年

方　辰

齊山屯絳雲垂天作霖雨掩映三能星沐浴日月
府雲歸識舊山潭沲去南浦寄言向鴻濛蒼生望
咻噢我公忠孝人超詣妙千古家學本青箱名德
在寰宇詩賦逼騷雅文體闢門户擘巒躡通班玉
堂振旗鼓摩挲周宣石圜橋聽如堵半歷六曹長
憲臺驄馬怒敬獄式蘊公　至尊托肺腑槐堂不
沸羹調和待髗鬴文書填委閻詩筒仍旁午推轂
白屋流揮沐哺飯吐大浸受百川匠石持郢斧猥
慚赤澤鯢鐫鋟到頑魯寡廓遵渚鴻仰視在屺岵
愛國肴鬢絲思親薄珪組眷眷絳帳生情曷任既

十

祖洛梅風信中麥秋當夏五平路與蓮蒲遙指蒼
茫樹謁急有程期辦嚴預可數　天子向用公卿
教明效睹曰咨秋官卿虛左待良輔行且叶枚卜
袞職方賴補几舄咏碩膚相業邁曩矩某邱某水
間綠野再仰頫令其遽明農何以答　聖主屈指
蕪葭蒼金門復星聚還為出岫雲油然霈膏雨

李　榛

朝聞詔下帶經堂五月還朝喜欲狂為報蘇門諸
弟子更添多少好篇章
未能洛社辭官去且向齊山九點遊幾輛犢車書

萬卷短轅轣轆過盧溝

槐花夾路尚書還盛事仍傳圖畫閒他日流聞好事者屏風到處寫香山

脩竹長松覆綠苔輞川風物暫徘徊黃花籬落秋風晚八座雙藤又北來

王丹林

大賢踐丹闕高情與天游在公契容勿下直追冥搜沐浴二曜光吐納百谷流澔蕩秉夙心抱冲無所求嶺雲卷叢木野鶴飛滄洲歸思豈不深君恩信難酬終當竭股肱未免懷松楸手跡申悃款感

激滋綢繆明時光孝理於義不得留紆廻勞　聖
心鄭重宣詞頭言念千里塗乃賜五月休一節眷
終始獨立無黨讐虛席有成命待公贊　宸旒中
夏風日佳清槐蔭盧溝譪〻門下士出餞擁道周
立馬語斯須斜陽照懸旂載書三萬籤汗下十二
牛蕭然無長物高致敦前修辭鄉歲月深喜覩林
泉幽置酒召故人巾車尋舊邱翳〻烟竹密豔〻
山花稠暫此家食閑仰惟　皇澤優尚書百官本
用作礪與舟青門緬廻駕岱嶽明高秋
高孝本

泰運方清晏烟霞暫乞歸　君恩何繾綣珍賜有
光輝北闕虗台座東人望袞衣未容安石臥早晚
入黃扉
斯文今極盛六籍手親刪天復生司寇人皆仰泰
山家原洙水近路指大東還弟子能為御爭思侍
轍環
五夜辭三殿千官送九衢柳邉陳祖帳花裏出行
厨官重八騶擁裝輕一物無秪傳佳話在新寫載
書圖
鄉園歸去好東指鵲山青泛月明湖水携觴名士

亭有堂開綠野得意註黃進少日曾遊地籃輿處
處停
南奉陸生使西遊萬里橋乘槎思往日息羽喜今
朝琴酒塵難近林泉興自饒　九重方側席洛社
莫相邀
拙宦憐先子曾趨絳帳傍公能念簪屐許為傳循
良諾已千金重光應萬丈長草堂逢暇日應不靳
琳琅

朱載震

欲作歸田計未成時清寧許竟遺榮陳情固爾稱

高尚知己終難遇　聖明一代文章還白首兩朝
臣濟仰蒼生即看得請仍虛席不遠崇班聽屢敕
帝廷獻納首皐謨一德交孚古不殊忽夢松楸依
丙舍早懷耕釣寫新圖公有荷鉏圖邨鄰到日爭相識
猿鳥迎人莫浪呼自是君恩最深重暫閑豈忍説
江湖
蠶尾煙嵐入望賒歸旌遥逐楝風斜都人擁路瞻
三事長物隨身載五車真率還同洛下老風流原
屬輞川家堂開清讌成高會　宸翰光懸爛曉霞
御書帶經堂
賜公

一從沛上拜　温綸洊歷中臺十二春自信樸忠
能報　主每逢霜露倍思親心傾舊德知誰是手
挽狂瀾更孰倫獨喜秋深車北向待公猶及拂埃
塵

曹曰瑛

檢點隨身只佩魚俸錢都在十車書趙家琴鶴非
經術同一清風恐未如
想到蘭風拂畫櫓刺桐陰裏卷湘簾縚繩散後分
籤軸每日丹鉛手自拈
聲華瑩徹貯壺氷三昧真傳逼右丞海内雖知爭

學步風流端的有誰能
殊恩予假暫抽閒那得淹留謝傅山欲慰蒼生望
霖雨半年依舊領朝班

蔣仁錫

曼容仕止六百石茂先書載三十乘蕭然囊篋無
餘財颯爾滄洲動歸興力追廉退古人風漸戰紛
華夫子勝我公瀟灑天人姿帝遣濁世來昌詩正
笏垂紳著精白獎賢進善無阿私斗山鼓名四紀
重舟霖際會千秋期胡為脫身事幽討華鵲明湖
鄉夢繞朝來拜疏陳　君王白鷗忘機狎溔淼

詔假五月趣還朝懷邦覺世責未了傾城出祖青門路敝蓋羸驂只儒素前迎楔棹泥金龍御賜帶經堂額後隨籤帙芸粉蠹刀貝象犀輸去豪家何如薄笨衰四庫却笑惠施空多方其道踳駁言不彰大賢致澤期實用鑽研故紙徒堪傷莫辭捆載南還北爾分去不合名山藏

俞兆晟

泰山巖巖維嶽降神顯允君子實獲我心　職思其居王之喉舌淑問如皋陶不遑朝夕　秉心塞淵秩秩德音君子有徽猷續古之人　猗與那與

其詩孔碩以雅以南聞于四國　五月鳴蜩言秣
其馬言告言歸于林之下　恩斯勤斯欲報之德
有紀有堂南山律〻　我聞有命自天子所毋金
玉爾音政事一埤益我　揆之以日上慎旃哉日
月陽止寧適不來　我東曰歸我行既集知我如
此我心則說　古訓是式中心好之命彼倌人謂
之載之　旋車言邁其嘯也歌高山仰止我勞如
何搔首踟躕京師之野懷哉懷哉何多日也
天錫公純嘏以綏後禄蒸然來思文茵暢轂
劉石齡

隆替瞻行藏斯道公所寄邱壑雖高懷夌許適已
事新圖寫荷鋤知公盛歸　烟蓑試春塍細雨屏
山翠對此殘惘然相顧發深喟陳辭亟請假明農
謂當遂　一人識公心氷玉等精粹經綸資哲人
期佐平鴻治重公念琴城秋卿暫虛位　恩遇何
便繁　皇情洵專繫公行檢歸裝小駟邱園戀帷
此卅乘書宦游曾未置白籐織方笈玉軸纏縑縷
事殊東都門感歎同一致往從外舅游金穀似居敬公門生
臯比得叅侍緘詩每披覽斯藝謂可肆一言感平
生提命況兼摰但恐學更落負公良自愧芒屩來

西郊長揖送行旞何當嵴山湖春葦看渫〻遥岑
澹脩眉烟波從清醉此言亦意擬說餅那可食月
數三十蓂迅此隙中駟蒼生共殷然公也能勿至

王時鴻

廣寧門外柳依依漫說東方有衮衣待得瀧岡封
表後　九重虛左待公歸
上界詩仙領士流頤廚俊及一時收自憐末契纔
邀賞便向青門送八騶

徐文駒

綠暗庭槐露氣凝簷前新月挂疏藤一時北斗尊

韓愈千載龍門仰李膺報國喜陳金鏡録捫心惟
愛玉壺氷西城别墅今何似無數鶯花緑萬層
不躭朱紱戀青山曾寫幽情放白鷴海内正遲司
馬相蒼生肯使謝公閑　聖恩特詔虚卿席客夢
頻廻侍晄班魚水一堂真盛事未容泉石弄潺湲
澄於孤月淡於秋皎潔身登百尺樓天為斯文培
碩果人從吾道識清流千尋泰嶽開青嶂夾岍旌
旗映石榴雲樹故鄉無恙外詩情先到白蘋洲
年來問字子雲亭帯艸藜光受六經萬卷書帷分
霽月一鐏丙夜落踈星絳紗仍有諸生侍黄絹非

因驛路停恰待薰風迎瑞節夕陽斜照暮烟青

朱星渚

今皇推孝治夫子奉恩歸雲外佳城起山前列樹
圍始懷終獲遂孺慕不教違著就新阡表臨風涕
一揮

齊州公井閈喜見衮衣東曳屐從天上鳴珂出禁
中一函輝　御墨累葉耀門風游釣當年事悠然
興不窮

遠郭何葱鬱遥憑望氣知馴烏翔丙舍觸鹿遠松
枝白日千年閟黄綸五色披自今明發慰衝暑竟

忘疲
豈不虓初服其如　詔命催秋風故山别凉驛小
車來論道仍中禁持衡復上台執經羣弟子更喜
絳紗開
吳麐
早傳　天語出彤扉八座雙藤許暫歸從此便開
黄閣待翻愁無暇著初衣
入林祖帳擁交衢惜别門生畫捧輿誰似趨朝三
十載歸裝祇載五車書
徐蘭

仗下沛　恩綸留官侍老臣遥傳出都日太息滿
朝人行色青鐔舊年光白髮新長途書十乘好事
繪來真
宿雨淨盧溝怱〻度八騶王程難小駐別酒漫深
留嶽色尊前曉荷香歷下秋台星今夜裏應照古
齊州
行〻離魏闕渺〻入齊烟細雨迎梅候輕風曬繭
天旌前趨小吏馬下列長筵東望嵐光白晴雲起
肅然
曾讀名山録因知作者心曉聽清珮響神往白雲

深慊慨辭　明主優游返舊林松楸瞻雨露諂〻發新陰

依〻桑梓緑親故半成翁酒置池亭上秋高風雨中蟬鳴深巷柳馬繫帶霜楓多恐城西墅林泉覽未終

憶和陽春曲從茲遇賞音易歸千里道難遣十年心東路秋聲早西山夜雨深（公瀕行時蘭為雨阻西山）臨岐翻契濶灑淚托微吟

煙雨歸耕圖

朱竹垞先生烟雨歸耕圖　二　讀畫齋

李香子鶴徵録曰朱笠亭先生云某聞之老革海
内有三圖其二落梅里一爲家竹翁烟雨歸耕圖
一爲秋錦先生灌園圖一爲陳迦陵先生填詞圖
盖三先生皆命世才仗劍出門窮老盡氣所交皆
天下奇士胸中鬱律不可一世一題一詠其詩詞
其字畫盡古今之至寶也今填詞圖既不可得見
歸耕圖亦歸他人之手惟灌園圖尚藏于其家秦
小峴觀察題詩云竹垞一事偏輸與畫卷留傳到
子孫有慨乎其言之

自贊　　　　　　朱彝尊

饁有婦子居有環堵舍爾征衣蓑笠是荷為力雖微其志則堅粒食既足不期逢年咄哉斯人誰為徒者人或知爾百世之下

百字令

菰蘆深處嘆斯人枯槁豈非窮士賸有虛名身後策小技文章而已四十無聞一邱欲臥漂泊今如此田園何在白頭亂髮垂耳　空自南走羊城西窮雁塞更東浮淄水一刺懷中磨滅盡回首風塵燕市草屩撈鰕短衣射虎足了平生事滔滔天下

不知知己誰是

又和叶　　李良年

彼何為者數過江門第恨人奇士朔塞南枝來往慣筋力也應倦已弱不勝衣狂思雪筆攏上從無此展圖一哭十郎聊寫愁耳　曾記細雨青蕪溪挐小艇問桃花流水本欲逃名名不去行遍山林城市子定歸與吾將作伴摒擋西疇事算來長策為農今日良是

秋波媚　　陳晉明

歸去耕田白板扉青笠綠蓑衣盡焚筆硯不拈書

史只把鋤犁　幾回相見相憐惜心事兩依〻圖
中紙上添儂相伴與予同歸

錢　澄

見說棲山未有山一生心事此圖間每因雨後催
耕起應向溪邊放水還自去自來誰與偶為農為
士總成閒時人欲問栽桑路祗在南湖角里灣

乃如此也[illegible]

周　篔

筆耕硯稅時既穫之拔簑負耒抑又何為古人食
力載耘載耔于真谷口庶其企而企之

紀映鍾

十畝之間力所營拋書長日事躬耕一簑風雨歸
来晚烟火茅檐稚子迎
陶家樂事在東疇鄭子還從谷口求拚得朱顏任
胼胝斯人高致已千秋
自把犁鉏棄硯田春風辛苦隴頭眠平生不作籌
車祝歲々人歌大有年
我有荒廬白下村百年修竹老霜根朱張紀淵同
心者歸去来兮際閉門

高　兆

力田孝弟邈矣斯風岧々君子抱道抗蹤負耒而

往于彼田中五穀是治勞力其躬聖人之徒舍爾
孰從

行筱

讀盡萬卷詩書好是一字不識披簑戴笠烟村躡
屩荷鉏耒息不入有莘之野便向南陽之宅借問
此是阿誰檇李城南朱十

汝筆耕而舌耘石以為田胡為跣足衣簑戴笠其
志則然春煙霏〻春雨冥〻衣簑戴笠獨行無人
我欲持三尺耜與汝耦耕兩手無力足不得行年

年來書游江上　坐見膏田春草長

小長
盧圖

題小長蘆圖五六七言各一首

王士正

史筆高三館帰心戀五湖分明鰕菜好寫出小長蘆

滕上佳兒文度眼中秋色江村帰路不須扶杖笑凭桐孫稲孫竹垞二孫名

一蓑一笠日相随不似官人似釣師七字愛吟楊處士亂堆漁舍晚晴時

又　梁佩蘭

貴日閑身在長蘆入畫圖不同三泖水時釣四腮

鱸
放眼烔波浩〻寄懷天地冥〻湖北雞頭菱葉湖
南鴨嘴蜻蜓
錦袍爭似𦆭荷巾異代風流賀季真若道文章留
館閣一竿磬石又何人
又　　李良年
語歸卷朝衫呼兒縫䘼衧家江何負君疋練瀲秋
曉
鷗路最宜罟約葦間不怕迷津已解金魚換酒有
無入饌霜鱗

偶從暇日小盤桓賺得人將世外看自愛手中無俗物不拈班管便漁竿

又　宋犖

誰寫水村圖蘆汀秋色冷詩翁脫帽來懷抱江湖永

愛此雨蓑煙笠相將更有佳兒我亦何時擕幼拏船直入西陂

斜陽裊裊釣絲風蟹舍漁莊野岸通此際披圖心一洗解人却憶米南宮（米有寶軸時開心一洗句）

又　邵長蘅

我家旁湖村披圖淼相似葭菼秋蒼〻別浦空煙
水
老子閒来踞石佳兒釣罷携竿兩岸蘆蓛雜雨一
灣暝色荒寒
范蠡湖邊鰕菜好宣公橋下鴨頭清竹竿嫋〻三
十尺不向嚴灘更釣名
又
誰喚羊裘人来驚太微座有脚不得伸帰向秋江
卧
巳呼湯叟作伴更拉天随去來不識人間機事海

鷗那得相猜

秋涇水與穆溪連十里樵風挂席便不用到門頻剝啄相尋長在荻花邊

又　　查慎行

君住鴛鴦湖儂住鸕鶿浦一統志云鸕鶿湖在海鹽西南四十里今其名無可考當即黃道湖去余居十里同為簑笠翁貫聽菰蒲雨種魚三畝五畝陂水前溪後溪認得隣莊老尌艸堂在鸛巢西

白髮初辭供奉班一身那不愛投閒江湖老伴多星散知已無如父子閒

又　　查嗣瑮

成都兩隻屩山陰一頂笠指認蘆中人千秋兩朱十世稱西畯為小朱十讀書著書老矣南垞北垞歸休晏吟捉鼻謝客新沐彈冠楚猴

風月其如白髮何秋聲聽到瞿門多五湖滋味鱸魚好賣了朝衣買綠蓑

又　　高不騫

槐樹斜街宅經營此畫圖由來名父子只戀小長蘆

六載玉堂天上一絲釣艇沙頭肯放四明狂客寂
寥獨擅風流
師資父事分平生倘許肩隨漁釣名載酒相尋長
水面亂呼漁弟與漁兄

又　　　　　　　　　　　　曹三才

兀坐渾忘世持竿豈在漁千秋看兩〻君意自如
一如
舍北舍南秋水光風霽月伊人有時載酒問字蕭
閒氣宇如春
林下不須延熱客歸田為卜小長蘆廿年心事堅

猶昨借景都堪賦遂初是日又觀竹垞先生壬子年烟雨帰耕圖

又　陸棻

嘉樹堂前戲鷺心有髩華依稀小池上赤脚去撈鰕

擲下簪頭鏤管來聽一片秋葦箬笠於今懶戴絲竿付與佳兒

南湖棹艇東湖泊活跳湖魚一樣鮮要醉梅花三白酒囊中留得幾緡錢

又　戴錡

漁艇衝波險無如踞石安一潭星不動知未下絲

竿
讓水廉泉是臣綠蓑青笠閒身眼底並無一箇圖
中不畫三人
無忘筌處得鱸魚為圃為農兩不如本是絲綸好
高手呼兒付與一竿拏
又　　　　　　　　　　　　　謝師昌
披卷得伊人羲皇以為友一竿自隨身誰辨絲綸
手
臧丈常釣莫釣濠梁非魚知魚會取水邊活意來
觀日下奇書

不有蕭然物外襟肯將蓑笠換朝簪長蘆只在烟波裏越北燕南何處尋

又　　喬崇烈

誰畫小長蘆蘆花墊長水先生愛蓑笠坐曬斜陽裏

南書房香案吏小長蘆釣魚師豈必官家鏡水一邱一壑都空

遊子新從閩嶠還一竿隨侍水雲間我來三日盡中住楓葉半村菱一灣

又　　沈季友

罷釣來尋詩了無爛紅影誰如大小朱面奪秋江
冷
拋他杜曲韋曲還我雲村水村画裏両垞不遠蘆
中直到柴門
倦却江湖載酒遊阿郎赤腳父科頭一絲烟雨清
如許那有貪魚敢上鈎

又　沈岸登

野尌落青陰冪歷不知午合携斗酒來起着漁衫
舞
新蓋曝書亭子垞南正有閑田我意別裁東絹戲

拖墨竹便娟
兩岸叢蘆無數葉秋風嫋嫋一竿絲看來未有郎
君分只許先生學釣師

又　　沈不負

秋水情何限幾忘坐石溫芒鞵不識路曾未到漁
村
蓑笠今從畫見漁竿昔記同遊（謂西畯十兄）大几明窗
眼底恍然鳴和風流
芹芽荻筍菜花魚鄉味堆盤興不虛數說山中人
樂事小長蘆外亦無餘

又　　張遠

蓮炬花磚客魚莊蟹舍心卷舒無不可一注自情深

眼底綠蓑青篛膝前玉樹蘭芽網得魚兒換酒釣船流下蘆花

舉網得魚君有酒挐船上岸我為家與君同在菰蘆裡只隔鷗邊幾浪花

竹垞
圖

朱竹垞先生

讀畫齋

[illegible]竹垞先生竹垞圖　二　讀畫齋

朱竹垞先生名彝尊字錫鬯行十秀水人居嘉興
之梅花溪康熙已未　詔舉鴻博先生以布衣除
翰林檢討充史館纂修官尋罷歸家有亭名曝書
藏書八萬卷所著有日下舊聞四十二卷經義考
三百卷明詩綜一百卷詞綜二十四卷竹垞文類
詩類騰笑集江湖載酒集蕃錦集彙成曝書亭集
八十卷著錄八卷其未成者有瀛洲道古錄五代
史註鶴書集禾錄等書其與曹通政寅合撰者為
兩淮鹽筴書一名鹺志是也其為鄭芷畦元慶箋
釋者補石柱記一卷是也餘如手錄悉載年譜

百字令　朱彝尊

杜陵老矣共丹青曹霸白頭漂泊花柳春殘都不見底事燕南棲託略彴長隄嘔啞柔櫓只想江鄉樂吾廬何處夕陽芳艸村落　況有蔗芋閒田竹梧舊徑客至堪杯酌試畫三楹茅屋矮隨意圖書簾幙硤石東西橫山近遠密樹遮雲壑明年歸去小樓添向墻角

康熙甲寅春客通潞填百字令索秋厓補圖二十一年矣秋厓久逝小樓墻角至今未添而予衰憊甚展對此圖不勝遲暮之慨因付裝池并

書前闋以要和者歲在甲戌五月竹垞老人

和　　高士奇

苑西舊事記同君閒話故溪幽適退食披圖花院底指點竹南梧北放鴨闌低釣魚磯小野趣渾非一如今歸矣正堪盤礴泉石　況我枳岸葭牆稻畦疏圃所住連陂澤但棹圈篷黃篾艇來往春秋佳日懶出柴門病依藥竈路似桃源隔相邀題句只愁難比裴迪

又　　李良年

潞亭旅思愛小園入畫子山之宅二十一番春事

改追話軟紅游歷史局誰長酒僊臣是晚遂歸田策白頭題句這回真箇頭白　記否洗研蓮南擘牋梅底更譜琴梧隙閒蠹心驚雲散後剩我比隣雙屐就竹尋君展圖看竹疎翠露衣幘茗香銷夏不須惆悵陳跡

又

竹垞何在在長蘆村曲碧雲深處中有幽人歌獨宿常與此君同住茅舍三間蓬舟一葉五柳門前樹著書滿架小園庾信堪賦　猶記燕市追遊瀛臺儤直春夢今非故回首長安天際遠不覺青

山日暮留此丹青剩子白髮撫景聊容與他年相
訪小樓重話煙雨

又　　徐釚

春明夢斷小長蘆重整數間茅屋晴日疎牕煙縷
散淺露一叢寒玉撲鹿沙鷗惺忪岸柳暗水當門
緑曝書亭子共誰銷夏同曝　恰喜短棹頻過深
杯恣把不遠江鄉曲細按蕒洲漁笛譜醉擘蠻牋
十幅衮衮諸公萬人海裏只是相爭逐輸君高臥
垞南垞北皆竹

又　　顧湄

蕭疎斑髩倩誰人畫箇竹垞詩老嫩緑檀欒添舊翠揾染一溪花草稽古當年賜閒今日却羡歸田早棲遲林下風光到處長好　從此獨坐攤書呼朋命酌不問蓬萊島回首清華丹禁地無事更縈懷抱鶴浦東來鴛湖南去粉本憑幽討扁舟載酒與君嘗共傾倒

又　戴錡

日趁飄影被秋風吹動抽簪歸老紫陌銅街遊已倦爭似梅花溪好嫩竹千竿方池半畝緑徧王孫草清陰如舊塵去軟紅多少　分付徑剪蓬蒿墻

芰薜茘放與銀蟾照況有圖書三萬軸蠹字乾魚
齊掃雙調彈箏幾回顧曲酒榼空頻倒小梯横閣
六峯點〻林杪

又　　　　　　　　　　郭　徽

禁花看後覺軟紅十丈涴衣如墨放棹江關𤇆月
渺歸向梅花溪側竹簟邀凉茅簷趁曝故事真堪
憶文章歐九後身應是朱十　況此籜粉侵隄萍
香撲幔舊屬芙蓉國最好荷衣縫露葉紫綬青緺
收拾小閣茶𤇆長蘆醧舫儘有忘機客酒盃纔放
草堂書散千帙

又　葉舒穎

圍墻竹樹似依然留剩平泉花石人在天光雲影裏占住高樓百尺叉手唫成等身書擁嘯傲烟波夕閑時載酒江湖曾作浮客　回憶燭剪寒宵菜根題扁邂逅文章伯（乙卯冬晤先生于白田官舍）別後荔枝恩與帶又早歸來岸幘曲水拖藍遙山叠翠渺渺神仙宅可容舴艋長蘆深處尋覓

又　葉舒璐

朝衫卸了十年來夢破浮名芻狗點點軟紅飛不到那用山童縛帚翠幄陰濃碧波凉瀉人在羲皇

右湘簾高捲遠峯青送啌袖　堪嘆綠野平泉幾
多池館轉眼成烏有贏得圖將粉本在留與人間
爭購似恁風流長蘆片石應比名山壽吾廬無恙
此君要是佳友

又　　　　繆泳

梅花村市愛南隣佳處初經卜築舊徑蓬蒿繞翦
罷添得短垣脩竹近渚菰蒲傍門楔柳交映清溪
曲隊書亭子更繞荷芰芳馥　況有檻外諸山望
中烟靄指點遥峯六把酒高吟無一事但貯牙籤
萬軸畫手爭傳輞川名勝展玩開心目今朝重到

居然身在巖谷

又　　沈岸登

主人歸也儘客來看竹短篷長泊雪色書齋堪吐辟老去閑情慵託塞柳騎驢江蘆聽雁轉覺垞中樂青錢憑買移栽村叟鄉落　竹外三兩枝頭桃花也放更好時吟酌春雨江南容易見消領年年簾幙二畝新秧六峯晚翠便是真邱壑小樓添否斜陽先在籬角

豆棚銷夏書

竹垞夫子命畫并題　　梅庚

別開高閣面清湍銷夏披風緑柳灣對坐豆棚歌白雪不知天壤有塵寰

竹林晏坐圖

憧寀王時敏題

尤西堂先生竹林晏坐圖　二　讀畫齋

尤西堂先生竹林晏坐圖題詞

生日自題小影調滿江紅二闋

鑄錯難成空贏得頭顱如許君不見此中有鬼英雄無主世事夢回關塞月文章淚盡瀟湘雨嘆茫茫宇宙此身多無歸處　山嵒裏聊容與竹林下方逃佇但看他白眼科頭箕踞背後好遮王導扇手中只少漁陽鼓攜一杯自祝畫圖前覔相語

甚矣吾衰誰畫出秋風蒲柳須信道相君之面居然村叟車蓋鼓吹今夢覺空山晏坐搔童首問何人不著鵕鸃冠惟君否　且逃暑頻揮手謙謝客

首都圖書館藏書之章

休閒口祇先生生日歸而謀婦半臂纔更一斗麵百錢恰買三升酒對此君爛醉仰天眠看蒼狗王后謂明皇曰三郎不記生日脫紫半臂令阿忠更得一斗麵作湯餅耶

和詞　　吳偉業

納〻乾坤問才子幾人輕許人爭道北平司李騷壇宗主碣石宮傾北海酒令支塞卷西風雨更翩然解組賦歸來雲溪處　三毫頰平添與虎頭筆神相佇似元龍百尺樓頭高踞鷸蚌利名持壁壘觸蠻智勇分旗鼓只莊周為蝶〻為周都忘語

丁澎

濯濯丰標真不減當年春柳歸去也吾廬高枕漫同園叟句漏山中丹九轉沈香亭畔詩三首憶宮人爭唱七郎詞君知否　笑司馬凌雲手鄙鄒衍談天口向煙蘿長嘯鹿門攜婦白雪題殘梁苑竹黑貂典盡吳姬酒任人間金紫儼成行同芻狗

彭孫遹

解組歸來便黃綺欣然相許更休問屈生詹尹賈生季主酒後擘箋霏豔雪花間量屐黏香雨儘縠巾葛帔向溪山招尋處　絳灌在堪誰與羲皇遠還空佇向歌樓乞食講筵高踞右北平中埋羽箭

吳東門下沈簫鼓但短衣匹馬老餘年無他語
誰傳先生須記取門前五栁問何人素心晨夕村
童鄰叟世上滄桑難著眼夢中金紫空回首看當
年花月滿姑胥今存否　也不羡柔荑手也不羡
櫻桃口只蕭然偕隐鴻妻萊婦松節且揮高士麈
竹林試醉賢人酒任黃金斗印縮通侯功人狗

曹爾堪

才子風流閏乙夜
重瞳曾許桃林塞射生擘康為東道主油幪憶觴
孤竹月紫騮嘶踏盧龍雨且歸休花徑更三、堪

游處　雞豚社吾能與應劉讌人延佇羨歌場新
拍騷壇箕踞裂日穿雲吹鐵笛陳詩説禮鳴鼉鼓
啜其醨車畔有三騶呼之語
老友相於傷往事江潭楊柳同屈指垂垂半百昔
童今叟翦韭烹葵諧夙約嘲風弄月誰稱首五湖
船恰受兩三人能攜否　莫閑却彈箏手好緘著
懸河口對門前亭樹梅妻鶴婦生食何須求五鼎
雄心只合澆醇酒笑封侯絳灌巧乘時元屠狗

宋琬

賦奏凌雲真才子

至尊親許長太息文章憎命驊騮失主放逐身隨
麋鹿伴英雄志偃蛟龍雨記錦裘躍馬出榆關題
詩處　白蓮社誰偕與石渠閣曾凝竚且南窓寄
傲東籬高踞五岳夢游禽慶屐三撾醉弄禰衡鼓
笑韓陵一片石崚嶒差堪語
陶令歸來三径外栽松種柳遥集者湘潭屈子漆
園莊叟木柄長鑱常在握竹皮圓笠新加首置斯
人一壑一邱間然乎否　白雪調無雙手曉風句
諸伶口嘉遯後應門遣子烹葵呼婦秘笈已窺林
屋洞新篘且醉蘭陵酒問朱輪高蓋幾人存東門

狗

葉國華

瀟湘襟期問姓氏未知何許人都道桃花源客芙容城主雙屐徧尋紅葉路一巾時落黃梅雨任飛塵十丈到君前無容處　羲皇上堪徒與蓬壺外還迤佇笑柴桑腰折不如箕踞骫髒擊殘易水筑佯狂撾罷漁陽鼓學無功河渚醉為鄉瘖無語

馬鳴鑾

翦水雙瞳是今世風流支許憶當日肘懸金印盧龍曾主捉麈高談娛坐客揮毫新咏驚秋雨傲羲

皇翠竹碧梧間逢君處　衣短後聊容與開書卷
空凝佇漫木瓢痛飲石牀箕踞愛客誰收燕市骨
狂來撾徹漁陽鼓似張衡咏到四愁詩愁無語
解組歸來渾不記河橋垂柳只相與壚邊酒伴溪
頭漁叟鄧尉梅花常放屐錦帆簫鼓頻回首問長
安車馬客神仙如君否　詩賦就承蜩手詞源似
瞿唐口喜鄰依二仲室同萊婦百萬儘教劉毅擲
十千賒得餘杭酒此君前揮扇看吳雲如蒼狗

阿堵三毫竟傳出神情如許可知是酒壇詞壘押

齊盟主五字撚髭組綺繡千言乂手驚風雨儘踈狂不惠不夷問為君處　才八斗誰分與愁萬斛空凝佇歎劉蕡下第孫山高踞萬里飛揚棲鳳翼一官落拓催花鼓燕同歸王謝舊堂前雙々語燕盡田園并不種陶家垂柳但傲却青山綠水黃童白叟款段穩騎常放步接羅倒著空搔首問洛陽冠蓋昔交遊能閑否　未學得摸稜手且緘著雌黃口喜高堂強飯少君為婦竹下清談何點塵花間沈醉劉伶酒試評論幾許古英豪埋屠狗

許南陽

青蓋朱輪想當日龔黄期許人不信長楊才子片
符剽主姑射朝吟看烏翼邯鄲夜獵馳風雨便休
登神武舊宮門投冠處　九仙骨天付與一品服
空凝佇且摩挲箏笛胡牀箕踞散髮漫垂錦水釣
高眠不聽花樓鼓問紈輿邛壑可相宜咲無語

陳維崧

快馬健兒記當日先生自許誰信道驊騮一蹶長
鳴憶主淒切新詞楊柳月悲涼雜劇梧桐雨更北
平回首暮雲低呼鷹處　朝共市鄰容與山共水
聊延佇且岑牟單絞撾頭箕踞千石硬弓千日酒

三條紅燭三撾鼓正男兒失路述生平踦閭語天語琳琅曾比汝殿前之柳今老矣漫云才子居然聱叟三弄笛吹桓子野雙丸髻挽王曇首儘數來作達昔人多如君否　脚有鬼還叉手舌尚在終開口冐車中閑置學他新婦麴道士為盬內舞銅將軍侑花前酒對董龍半醉語喃喃何雞狗董龍爾是何雞狗見南北史

吳綺

骨相如斯君休認林間巢許怪早向東皋返駕為松菊主塞馬不歸燕市月荒雞共舞巴山雨咲英

雄冷落付樵漁家何處　同病也惟吾與合志者
還誰佇只水彭亭子當風而踞高手且籠觀局袖
急流暫弄廻飈鼓把離騷醉讀向西江呼天語
碧鏤紅牙有誰是當今秦柳共説道挂冠歸去人
稱湯叟孤竹祠邊烏長角大槐宫裏貂籠首問年
時豪氣可曾除君言否　天付與凌雲手人罕及
綵花口儘蛾眉謠諑任他羣婦楚澤好裁君子竹
漢書合下賢人酒待華陰山上子先來騎龍狗

余懷

歸去來兮修素業神仙楊許還記取江山風月閒

人爲主方麴障遮三里霧流黄篁落千峯雨問當
年快馬出盧龍今何處　湖一曲天賜與書萬卷
君延佇正長吟抱膝槁梧獨踞暫折圍棊安石屐
急呼觧穢花奴鼓且披衿金鏤撥琵琶空中語
絶妙新詞論才調欺他周柳同游者梁園賓客馬
卿枚叟修竹林中尋應夢蓮花池上推龍首水弌
亭可是仲宣樓君曰否　霓裳舞雙乘手離騷曲
誰闢口喜文成五采艷歌三婦避暑漫揺雲母扇
消愁合醉縹醪酒待何時海上看雲囬神牽狗

黄　遷

骨重神凝望而是文壇蘇許空植下萬竿修竹相
爲賓主四海交游腸似雪九天咳唾珠成雨喜亦
園松菊未荒蕪歸來處　青白眼誰堪與羲皇上
閑凝佇似桓伊弄笛胡床高踞斗酒雙柑鸎送曲
池塘綠艸蛙鳴鼓歎郝生僅得一參軍爲蠻語

張　芳

才子丰標取次看禁垣春柳形磊落雖稱傲吏還
推漫叟放曠須伸苣屨足繁華合付峩冠首記
宸聰頻有李官詢能忘否　倒執版何人手啓事
牘何人口算不如歸去賃傭呼婦慣踞庭心宜醉

石新篘缸面無愁酒聽歌成一闋自家詞唸蠅狗

填詞圖

其年二長兄屬

弟朱彝尊書

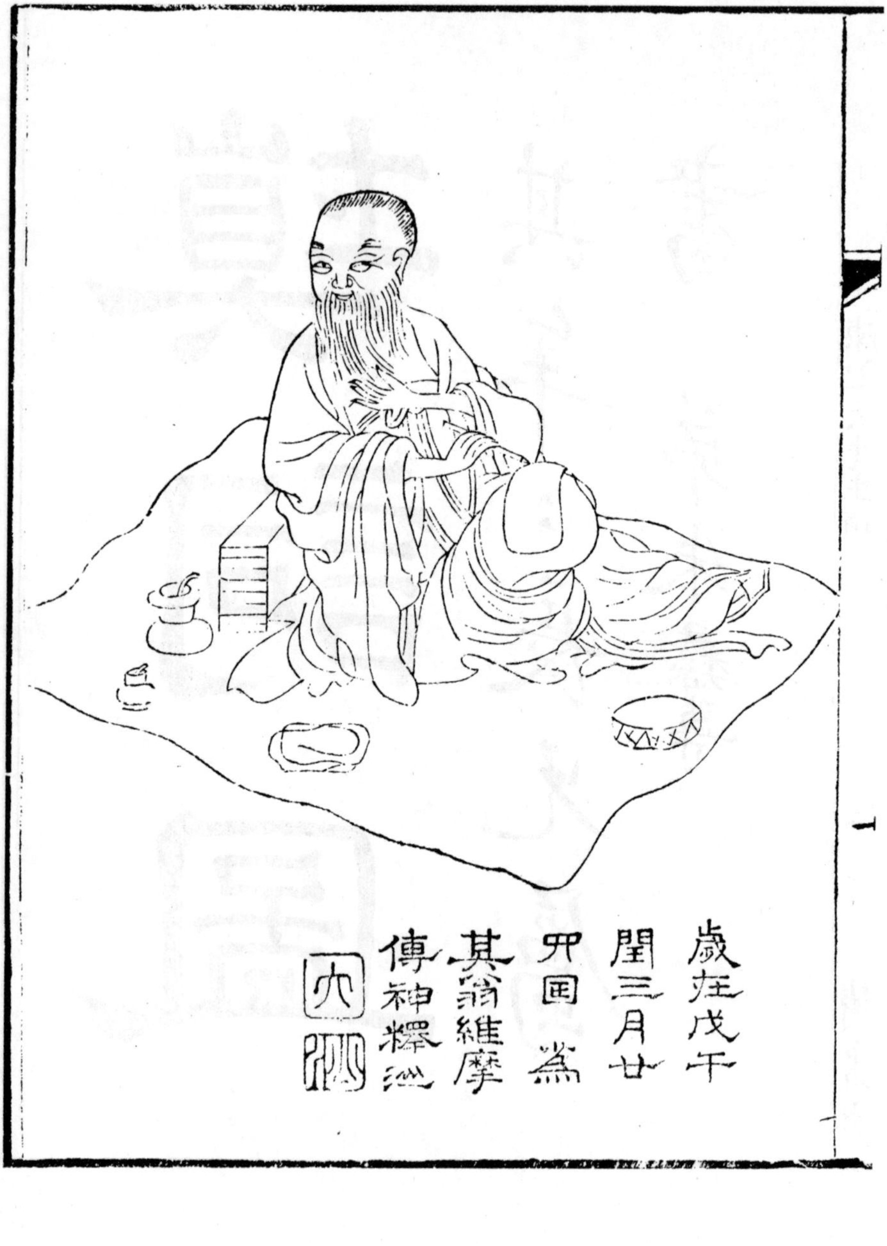
歲在戊午
閏三月廿
四日爲
其翁維摩
傳神釋巡
六洲

陳迦陵先生填詞圖　二　讀畫齋

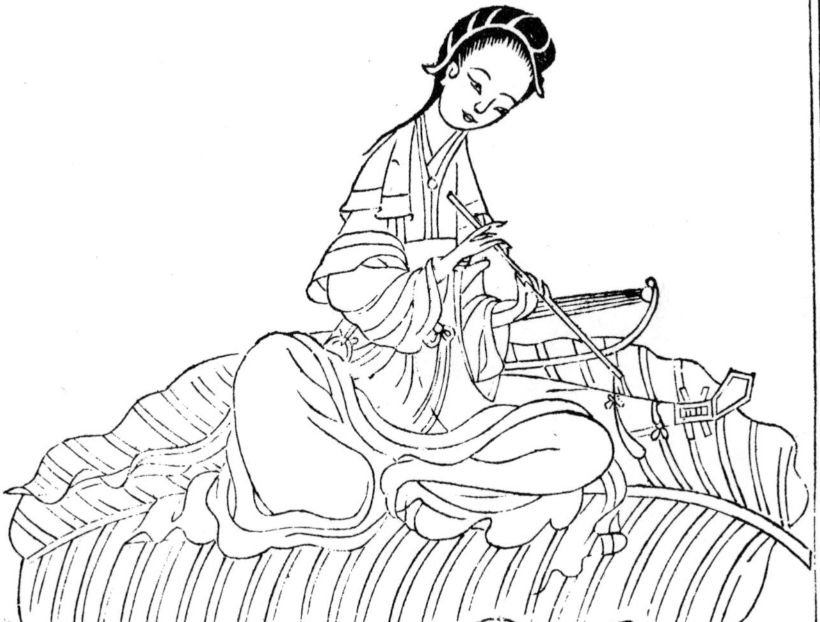

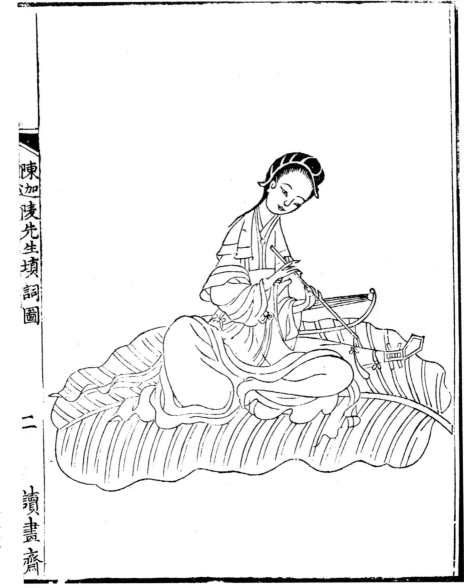

陳迦陵先生填詞圖題詞

梁清標

荆溪髯客早駕柳軑秦英遊罕匹絲繡平原寶裘内史廿載名傾南國何處丹青粉本寫出石闌鏤筆高吟就有金蟲綴鬢翠眉倚笛　懸憶應不讓蘭畹花間聲出鏘金石紅藉蕉茵錦排鴈柱醉傍佳人瑤琴少壯平生三好潦倒詞場七尺休嗟晚看瀛洲亭畔重圖顔色右調喜遷鶯

王士正

衣香鬢影共氤氲吹徹參差入夜分贏得迦陵新

句好不辭心力事朝雲

玉梅花下交三九髯烏絲詞中句也紅杏尚書枉擅名記

得徵吟倚東閣梅花如雪撲簾旌

田茂遇

想韓能畫骨張解點睛誰歟便捉髯鷹頭上賢冠

腰間羽箭何處容君瀟灑郊只騎驢鯤宜置壑貌

來差可怪何年身傍釣天勑與吹瓊粲者　別有

閒情相惹記崔徽當日捧書遺下盼村巷朱陳圖

作等閒婚嫁枕畔甌來裘邊卓攤描繪花前月下

煞覓裳一曲廣寒未許吟殘醉也右調望湘人

彭孫遹

一曲烏絲絕代工碧簫斂裏見驚鴻紅么小撥玉玲瓏　幾度牽縈蘅薄夢怎生消受桂堂東教人妬殺畫圖中　右調浣溪沙

倪粲

誰畫湘娥幻耶真耶如蝶夢莊看烏絲題字幾回詳審紅牙按譜作意清狂八斗才華五陵裘馬錦瑟桐陰不暫忘斯人也在閬風之野廣漠之鄉疇言壯志昂藏況雹馬雲車無定方昔秦郵太史闌情旖旎江邉白傅淚墮宮商金縷歌殘紫簫斂

蔪月榭蘭軒翠帶長君知否似桃源雞犬未盡荒
唐右調沁園春

王項齡

蕉簟凉生暑氣消玉人趺坐學吹簫頻邀郎盼倩
筆畫眉梢　郎把吟髯方得句未能開却是霜毫
烏絲題就着意為儂描右琴調相思引

陸棻

將寫烏絲句如聽碧玉歌星〻爭得染雙螺怪煞
維摩解道轉秋波　阿堵神偏似春風省若何拈
毫擫竹費吟哦笑指朝雲慧比此髯多右調南歌子

朱彝尊

擅詞場飛揚跋扈前身可是青兕風烟一壑家陽羨最好竹山鄉里携研几坐罨畫溪陰裊裊珠籐翠人生快意但紫笋烹泉銀箏侑酒此外總閑事　空中語想出空中姝麗圖來菱角雙髻樂章琴趣三千調作者古今能幾團扇底也直得樽前記曲呼娘子旗亭藥市聽江北江南歌塵到處柳下井華水　右調摸魚兒

米漢雯

香添麝炷翠展蕉茵密霭深庭戶文章燕許君何

讓生小尤工金縷引商刻羽恰好倩傾城仙侶咳唾間戛玉霏珠盡入參差譜　凝眄横生媚嫵愈清思奇艷濬飛毫舞慢聲吹到闗情閑錦瑟一絃一柱餘音如訴羣籟静桐陰轉午想曲終重按檀槽還有堪憐處 右調解語花

徐釚

翠螺調墨蕉葉迎凉細寫烏絲蠶繭都道我一生負看桃腮臏臉怪髯奴也撚霜毫凝眄着真真低喚應戀聽偷聲減字霓裳重按　玉宇瓊樓非遠羡徵車似水子虚初薦勅使填詞早遣宮娥傳遍

猛驚醒残月晓風風重回首酒旗歌扇休怨搭青衫

已老紫羅今換 右調月華清

側帽輕衫古意多烏絲襴寫懊儂歌紅兒解唱定

風波 翠管吟残傾一斗玉簫吹徹斂雙蛾酒闌

曲罷奈鬚何 右調浣溪紗

毛奇齡

十年苦憶元龍領面夢寐恐難親不虞相見長安

道上并見在傍人 停毫一顧踟躕處欲待按歌

勻碧鳴消時 紅蕉坐去何處不傳神 右調少年遊

吴任臣

荷衣露頂看綠雲滿地陽和時節翠帶斜吹檀板低敲霓裳試按三叠殷紅冉冉春如許湯擱筆沉吟欲絶待興來不律飛揚寫出慧心蓮舌　況有娉婷侍女似雪兒體態金縷歌闋迷迭爇香一卷琅函儘足髯公生活長安鳳尾傳青瑣禁不住曉風殘月拚今番桃葉渡邊付與玉簫吹徹 右調踈影

毛升芳

憶青裳捧硯午袖裁香豪氣溢壓表勃犖髯公致從今後弓眉蟬鬢嬌小朝雲解事拂柱絃斜撥敎

巧聽楊柳殘月新詞就盻來翠鬟姣　春曉纖〻
花貌只少游情緒稼軒懷抱佳句初成候倩檀口
歌來雲際縹緲金門漏繞待鳳池賦奏璚島曳袍
袖爐烟携緗帙聽黃鳥　右調眉嫵

高詠

天教付與此妙手彝翁評品宮羽疑是蘇家老子
朝雲為侶偏能道曉風殘月大江東竟成虛語嶽
簫初弄紅牙再按艷情如許　却只恐玉堂催取
昔上馬匆〻誰更延佇三尺烏絲寫未了花間譜
揮毫又進清平調使當年若應詞舉定圖袍笏淩

烟閣上風流同父 右調桂枝香

龍　燮

詞家規守藩籬耳未若髯之絕塵而上與酣落筆磊落縱橫流宕穠辛輩行奚足道淺斟低唱今已矣故人安在此調中喪　每拊遺編惆悵忽宛然晤對髯翁形狀脫帽披襟有個雪兒偎傍荆溪南畔空寂寞花亭歌舫添悽愴何處笛教悲壯 右調雪獅兒

燕市悲歌者論從來英雄兒女湯爭教價腸斷班

騅人欲去劉道小喬初嫁只半幅春風圖畫唱到
天涯芳草句看一敳雛鳳嬌鬟亞紅淚泣數行下
浮名自是誰真假甚于思花間蘭畹一時方駕
不管秦娥簫咽後又是荼蘼開罷更何處垂楊繫
馬便遣玉人嗔急性背華燈扣損鬟兒砑須罰爾
畫三雅 右調金縷曲

燕作輕身鶯翻巧舌匼院總無人到閒抽湘管小
拂蠻箋此際心情殊好正爾髩鬅周章幾許端詳
巡檐側帽忽柳邊花下煞是銷魂難為懷抱 細

看他緑鬢脩蛾亭亭獸立別有炯姿玉貌故拖翠袖斜倚紅欄微露風粦指爪應把烏絲麗詞吹入瓊簫聲聲低咔只如今頻喚真真收拾夜來詞稿

戊午小春作於長安客邸調寄過秦樓

孫枝蔚

使爾填詞何人草檄此最不平之事鬚長似戟手快如風故作麻姑狡獪也覺流宕無聊且對蛾眉消人愁思況方回近日斷腸佳句是兒能記宋賢詩能道江南斷腸句只今惟有賀方回看從此宮禁聞名新成樂府便付神仙行綴紅雲捧處紫袖垂時召賦蓬萊祥

瑞天上聞歌歸來舊日秦娥巧相嘲戲顧卿如紅
杏尚書公道難忘半臂

和孝威前調

宋實穎

十年燕市和高筑莫鑄黃金屋入雒暫歸来鬢逸
超羣談笑評絲竹　陽羨書生眼底事遊戲人間
世郎戟莫嫌遲酒淥燈青袖有相思字　右調醉花陰

曹貞吉

散聖安禪烏衣曰恰淡蕩風流如許酒旗戲鼓人
間世博得蕭然驢背鬚眉塵土淩轢詞場三十載

寫六代興亡無數翻墨瀋歷落嵚嵜看海奔鯨怒誰拂生綃作照維摩清冷坐對散花天女三疊霓裳一聲河滿曲項琵琶金縷問英雄紅粉可到相逢斷腸處想歌闌深卮微勸銀甲春寒水沉香更炷　右調八歸

毛先舒

生綃何太膩滑刺煞紫毫端便寫來落落蕭踈神韻懶嫚衣冠長鬚飄動數尺是風塵之外一仙官却恨懶遢行盡應添脩竹千竿　多年不訪太湖山望斷五雲灣想填詞未闌看花眼皺點酒腸寬

宮商嚼徵入妙問此中還有幾聲酸心惜美人持拍莫教纖指多寒 右調木蘭花慢

吳殳

薛孃川紙湘娥管珍惜裏輕裾來催好句詩餘就也恰對人餘 畫裏真真喚來曾應爭奈長塗愁明夢暗手書寄也難寄心書 右調青衫濕

汪懋麟

閒過飛箋露檄時只將粉筆寫烏絲心事百千誰料得那人知 酒辟歌樓狼籍了絳唇纖手恰相宜揀得玉簫親付與待他吹 右調山花子

成德

烏絲詞付紅兒譜洞簫按出霓裳舞〻羅衫髻偏
風姿真可憐　傾城與名士千古風流事低語囑
卿〻卿〻無那情　右調菩薩蠻

高層雲

倚聲頓覺春愁淺曾否𣪍消英氣香篆痕邊烟褭
影側聽盡酒兎花淚題殘鳫紙有解意紅〻蕙心
能記愛把文簫恁翻清調譜銀字　珠塵微漾簟
水駐將雲一朵低嚲鬟翠搯粉葱纖印脂萼小渾
想鶯簾風細吟情倦未但贏得而今阿蠻醲粹無

限閒心看来圖畫裏 右調臺城路

李良年

吹簫待鳳畫辟留人憶舊来佳話元和才子愛倚聲長只傍珊瑚架翠鈿量得珍珠買便教入畫屐花間小帙沈吟不願人間聽者 平添一瓣都梁看鵝紙斜鋪鼠鬚欲下纔回首說與春葱誤了宮商再寫拚作湘筠親領取絳唇吹麝怪今年初七匆匆奉旨填詞去也 右調瑶華

徐之凱

問科頭搦管倚蒼苔誰恁擅風流更雙鬟凝笑徘

徊別調待入箜篌共道洮湖才子逸氣動滄洲喜
六朝丰韻頻上都收　猶憶松陵橋路伴小紅唱
曲簫管悠〻悵金門霜度蘆鴈寄閨愁暫冷落香
猊紅浪看杏花後上苑同游還細問江南春好何
似〻
皇州　右調八聲甘州

徐林鴻

彼君子兮有美一人弄姿曲房看氷鬢細撚婆娑
故態星眸斜睇婀娜新粧似惜華年還嬌昨夜樂
府分明按殺行沈吟久果歌成雪艷吹勝蘭香

開元以後諸郎誰絕調風流賽廣場羨玲瓏斑管毫端律呂參差纖指手底宮商未倒金樽頻扶粉袖斟酌春情坐隐囊雖圖畫待同敎出唱繞遍雕梁

右調沁園春

吳農祥

珊瑚增筆格香奩啟牕下訴離愁是唐突幾何彈琴堪寄容輝減盡掩鏡還羞烏皮凭清歌移玉柱片語爛銀鈎刻畫未成百番索笑攜來不是一餉凝眸　青鸞書信杳宮門索賣賦宛洛狂遊浪鑄沉檀小像同鎖西樓借書含荳蔻仍回眉角語調

芍藥總咽心頭計日長楊羽獵夫壻封侯

右調風流子代女郎贈主人

眉黛驚消唇朱吹徹瓊臺纔住鈿車記字應白苧聲協紅牙春滿青溪深處湘竹暖齊發梅花翻新曲呼凰引鳳競吐雲霞　爭差盤中機上琅函譯翠袖事事堪誇是多情天付一種人家自與石尤風別挽不盡碧玉年華憑圖畫還隨歸夢同逮天涯

右調鳳凰臺上憶吹簫代主人贈女史

簾影樓陰一笑如臯移燈玉房訝精誠尚在生疎

狎興舊歡頓失縹緲明粧齒上輕圓指間宛轉一
一飛鴻十二行真消受喜臉横絲淚身染脂香
江東顧曲周郎況領袖文園久擅場豈含悲莫訴
歌原變徵單情未合調切清商薄怒相憐徵羞徐
斂各譜鴛鴦入錦囊君記取有蝶尋衣帶燕撲釵
梁

右調沁園春步寶名徐先生韻

萬軸牙籤雲雨荒唐掌間體輕應六朝故事曾歌
子夜百年齊頌早賦閒情學隱秋屏巧遮團扇只
狎當壚侍長卿驚猜定可聊通想像未許逢迎

侍兒彷彿呼名誰得似君家解目成豈徘徊閨閤預愁孫秀殷勤簾幙默拒劉楨窺宋都非留髡不遇遥隔巫峯認碧城春風便羨人稱弄玉仙顏飛瓊

作前詞竟寶名曰典卿曾見此圖耶蓋其年先生命作實未見也又作沁園春以紀之如託書續寄當更作與寶名先生附紙尾耳

柳底吹笙麈尾烏絲爭侍賓筵見題詩欲倦徐留帳下宿酲微解恒立床前擲果丰姿餘桃憨態任打金鋪擁被眠郎君誓定今生與爾不羅相憐

只今追憶蹁躚好初日容儀比少年記笑頷擡眼花難解語歌喉按指珠亦羞圓金馬初開璧人何在翡翠簾寒易惘然秋懷苦似長河不息膏火同煎

陳髯舊有小史驚艷一時又作沁園春以惱之

徐林鴻

歌舞君家不借人看阿誰肯憐縱腰肢柳擺長條攀折衣裳雲想別樣纏綿瞥見何曾竊窺未許迢遞蓬山路幾千平生面只錦衾帳底寶髻臺前無端賺製新篇有蜀錦吳綾十萬牋任彩霞吹徹

短簫橫笛銀河隔斷碧海青天春色依然玉人何處妙手空將好事傳伊相謔除身為明鏡分得嬋娟

星叟先生將戲語譜入余亦再疊前調易名曰惱髯以當懊儂鴻再記

高士奇

大鼻長髯陳仲舉便便腹裏橫今古製得新詞低按譜黄金縷嫂嫂慣解烏絲句（陳無已侍兒名嫂嫂）銀漢清涼纔過雨紵衫蕉簟渾無暑何事宮商頻錯誤邀郎顧郎令要入金門去（右調漁家傲）

宋犖

怪髯翁騷壇馳驟筆鋒欲斷犀兕生平擅絕紅牙句清致碧波千里移硯几對按拍蘋雲一片芭蕉翠含毫選意羡白恰繞披烏絲初展此際了無事移情處最是箇人纖麗老鵶飛上霞髻玉簫吹徹迦陵調皷入霓裳第幾珠棹底甚悟到諸天幻出嬋娟子空花蚤市擬呼下當筵琵琶試撥劃破罨溪水

右調摸魚子次竹垞韻

毛際可

看生綃一幅踞坐者誰昨宵杯酒曾接醉後顛狂閒時落拓怎便傳神眉睫龍尾香浮兎毫雲湧欲畫還摺想年來應詔金門豫製宮詞三疊　堪歎吾儕易老有星娥侍側霜毛偷鑷漸瓊管風生吹得早梅寒怯纖指停餘朱唇整後笑把郎肩輕捻只道是接鬢長髯生怕拂人雙頰　右調望湘人

柯維楨

畫工着眼頰上三毫神更遠髯美頤豐我道前身是此公　科頭徙倚滿腹牢愁還得似下筆沉吟

填就新詞問那人右調減字木蘭花

佳人難得百琲明珠何足惜聞道新年已有朝雲着意憐　新詞按也譜入秦簫誰聽者不道而今却與狂生看箇真前調

胡亦堂

肖像旁求是誰省君王氣力看豪邁青蓮待詔紅蘭生色花底髯掀蘸子賦朝回醉脫陶公幘恰雙蛾斂翠要人描憐彩筆　荷裳亞蕉菌直鴟紘倦玉簫癖正指點紅紅譜翻昔、鞭幘謁懷陽羨雨雕龍且付瀛洲石

侍填成學海濟蒼生歸湖得右調滿江紅

李符

填詞老手筆非秋岳露鬍也風流玉田侶把琉璃硯匣付與桃根携教坐長在國山青處　烏絲攔作展曲按金荃寫出花間斷兎句蕉葉當輕茵聽譜參差纖指下纒緜如訴若引得天邊鳳飛來定猜作前身是秦家女右調洞仙歌

沈岸登

一葉紫蕉茵半臂籠輕苧綱取千絲罨畫邊商麗句簌簌藤花雨　子夜玉堂長夢到吹簫處肯送

蒲帆十幅風銷別緒再聽琵琶語右調黃鶴洞仙

徐咸清

西園才子心　如玉花閒譜就相思曲曲曲播新聲吹來未睹名　還將明玉管描出春山遠欲識曲中情祇看畫上人右調子夜歌

相如文賦江郎筆詞源一瀉洮湖碧筆底爍朝霞還開解語花　紫簫橫玉頰艷曲飛桃葉徹夜奏清歌齅翁嘆奈何前調

雕窓深閉人難見畫圖省識春風面洛浦弄瓊簫陳思魂暗消　懸知曲不誤無事周郎顧何處聽

簫鼓春風滿洛城前調

繡茵小坐櫻花笑丹唇吹出清平調不用李延年

隨風珠玉懸　花前剛被酒那識傳呼久捧硯倚

新妝何如畫上娘前調

錢栢齡

相向畫溪頭吟筆聯歌苧絕似維摩老解禪重覓

句贏得天花雨　鏤破碧城塵寫到無𣪍處不道

朝雲黽巳銷凝恨緒憑仗瓊簫語

右調黄鶴洞仙次黑蝶齋韻

集賢賓誰將翠管親畫描這一片生綃活現陳郎風
度好撚吟髭慢展霜毫評花課鳥待寫就新詞絕
妙君未老倚坐着那人兒年少
琥珀猫兒墜湘裙低覆一葉翠芭蕉素指纖纖弄玉簫
朱唇淺淺破櫻桃多嬌暗轉橫波待吹還笑
啄木鸝他聲將歇你覓便消半幅花箋題未了細烹
來陽羨茶清再添些迷迭香燒數年坐對如花貌
麗詞譜出三千調鬢蕭蕭鬅鬙如戟輸你太風騷
玉交枝詞場名噪赴徵車竟留
聖朝柳七郎已受填詞詔輯分攜繡閣鸞交夢覓

裏怎将神女邀畫圖中翻把真〻叫想殺他花邊翠翹盼殺他風前細腰

憶多嬌

夜正遥月漸高誰唱新聲隔柳橋紙帳梅花人寂寥休得心焦休得心焦明夜飛來畫橈

月上海棠

真湊巧畫圖人面能相照覷香温玉秀一樣半標按紅牙月底歡娱斟緑醑花前傾倒把雙蛾掃向鏡臺燈下不待來朝

尾聲

烏絲總是秦樓調寶軸奚囊索護牢怕只怕並跨青鸞飛去了

吴儀一

一氣橫今古是何人觸翻空碧六鰲爭怒鍊石鞭山成底事綵筆神工能補便幻出波濤風雨此意蒼茫都不辨只乘鸞有箇吹簫女向畫裏伴君住

大風飛入高寒處倚新粧似聞花外笑傳天語賦罷巫山渾是夢爛醉葡萄仙露忽迷却瑤臺玉宇芰带蘿衣還似舊剩吟鬚千尺虬龍舞携短棹五湖去

右調賀新郎

林麟焻

掃眉才子捧硯佳人成古来名話龍鬚半剪學弄聲索冷鞦韆高架砑箋凝墨對梳掠雲鬟入畫有

壚頭取酒鸘裘文是相如似者　而今賦手凌雲記歌板因緣花陰簾下那人别後憔悴甚尺幅生綃空寫丁香帯結任帳底烟消沉麝想多時抛却檀槽淡〻眉峯蹙也

右調瑶華　次武曾韻

陸繁弨

没處相逢誰知却在丹青裏含毫拂紙看着渾無字　荷雨初凉湛〻吳江水闌干倚轉添愁意漸少来鴻矣

右調點絳唇

查鉉

秋水伊人遠喜今日畫中相見倚遍書牀更菡萏

裁衣芭蕉作箋醉後清平歌幾調看出箇波紋小研正當前幼婦盈盈待題黃絹　山川愛陽羨有張公玉女生来作伴笑髯坡得句朝雲按板料理葯爐茶竈在又重憶舞衫歌扇恰璞樓高處相要君恩早眷　右調

陸　進

掀髯欹坐搦管憑誰和有女雙鬟花半嚲一曲洞簫吹破　是誰妙筆傳神風光掩映如真笑我迷離老眼時從畫裏呼君　右調清平樂

沈皞日

看烏絲青鏤燭灺篝殘便朝天去賭勝旗亭認當
年羈旅瘦馬茸衫曉鵶衰柳踏六街酥雨對了雙
鬟鄂船繡被閒他私語　換徵移宮紫簫敎裏一
曲梅花滿城風絮染就吳綃是瑤牕潑處春草春
波夕陽還記得送君南浦爭羨而今呼來重譜沉
香新句右調醉蓬萊

翠滴銅官眉樣樹對裏南樓恰是君家墅一紙紫
泥徵召去紅羅三尺書官署　玉瑩珠璫花樣女
女伴吹簫偷譜烏絲句繡帶風前飄暮雨幾曾繫

得君家住

填秦少章足司馬才仲黄金縷一一曲

灌

園

吾

李秋錦先生名良年字武曾嘉興縣學生先生髫丱能詩下紙輙晝與兄尋壑弟耕客兩先生率皆器識雄邁論議卓犖江左言詩者稱為三李康熙己未先生應博學宏詞至京師不稍干謁被放歸築秋錦山房於漾葭灣聚書三千卷坐卧其中弟子著録者衆著有秋錦山房集

灌園圖記

汪琬

嘉興李子武曾謀灌園長水之上曰乞其友文與也先為之圖且告之曰年非欲為名高者也年母老矣蓋將歸而求數畝之地以遂吾養焉此圖所以志也於是汪子聞而善之以為虛名之不足恃也久矣昔者當衰周之世人人游說諸侯思得其金玉錦繡而陳仲子獨辭三公而灌園豈非高節之士善于立名者哉然而以離母之故則孟子為之深探其心而刺譏之傳曰孝始於事親中於事君又曰資父以事君而敬同是則君親一也比歲

以來中土內附士之自詡高節者蓋不乏矣夫所謂亡國之臣感憤壯激無所發舒不得已而至於毀容變服自竄寂寞無人之地固其勢爾也若布衣韋帶之人無爵位於朝無升斗之給於官及一旦有事頓亦捨其家室訣絕其父母兄弟而驪搖數千里之外以明其高吾不知其果何心也夫亦曰好名之過而已獨不觀小雅之詩乎北山之大夫勞於行役故其詩有曰王事靡盬憂我父母讀其辭疑若怨且懟矣然而先王許之孔子刪詩則重有取焉彼孔子奚取哉取其猶知有母也由此

言之雖有爵位於朝有升斗之給於官聖人猶不許其忘親況乎布衣韋帶之人顧可假高節以自詡而視其母若行路乎其不生先王之時者幸耳使生於先王之時必以為盜名而欺世與奸人之尤也欲求免於大戮難矣今武曾讀書懷古負其有為之才來遊京師而惓惓於家貧親老思以灌園為菽水之助與其所事者與陳仲子同而用心則異吾故表而出之以愧夫世之好名而不顧父母之養者康熙七年冬十一月長洲汪琬記

又跋

汪琬

予為武曾作記已久踰半歲始得此紙書之武曾方逗遛京師欲求可灌之園未可得也在易屐之初九曰素履往無咎象曰素履之往獨行願也武曾既有是願矣苟不能奮焉行之則將負是幽人之素履也而可乎武曾勉旃是月二十五日鈍翁跋

灌園圖絕句六首　汪琬

白柄長鑱手自携露葵霜韭滿霜畦時〻小摘供親膳也勝茅容庋半雞

雨過籬落土膏肥嫩緑蔌生隙地稀不用園官供

菜把渾家摘得滿筐歸

菜畦新熟歲將除老圃安閒樂有餘擬配香粳須

底物一年佳味在冬葅

謝卻東華軟土塵竭来江畔闢閒身閉門鉏菜英

雄事不信菰蘆有此人

夜來忽夢園居好游子辭家鬢已絲蓑笠桔槔拋

卻久更無人乞草堂貲

經營擬作漢陰人笑汝家徒四壁貧何不具舟淞

水上秋風隨意採絲蓴

既作絶句典也又索長歌因再賦一篇

李郎家無卓錐地規作菜薖非左計即抛儒服荷長鋤去遂園丁謀種蓺黄花紫蕚交加開繞籬蛺蝶争徘徊日斜剛抱溪頭甕恰值前山暮雨來數畝方畦差自給底用携筐拾榛栗閒來學煮東坡羹蘆菔蔓菁皆可食西隣種禾苦未收催租縣吏紛誅求李郎獨飽園蔬味夏稅秋糧百不憂

再作口號與武曾訂後期一首

半種青蔬半緑筠更須泉石兩三分但餘位置園居了我便扁舟一詣君

是日方痛喉痺在告又適送曰緝御史南歸情

緒作惡是月二十六日鈍翁書於樽散齋中

王士正

衆木扶疎繞溆廬日耽清興矚林渠不騎塞北將軍馬且把谿南種對書

回首平泉宰相家風霜無復日南花湧言喬木舟千斛皇后園中祗暮鴉

閒園半畝具區東葵蓼牵牛歲歲豐欲向於陵尋子仲年來久已薄三公

李因篤

誰家別搆倚江濆薄采春蘭向日曛十畝未荒炯

雨色淒洲時見桔槔羣叢階苦竹交紅對哺子慈
烏下白雲我亦北堂違白髮艱難深愧戶書文鈍菴
先生作灌園圖記

都門題灌園圖送武曾還里　劉體仁

歸去清和雨後天草堂楊柳一溪烟芥孫纔長杞
苗蔬賣賦莫驚室倒懸
幾年萍上枕吾廬種菜澆畦興味疎土銼它年籌
世畧應知不啟故人書
十笏高吟處編荆一水封芝眉元德秀蔬飯郭林

宗抱甕平湖月攤書晚寺鐘何妨箕帚地過從有人龍

王宏

奉母高堂上為園一水中有無越山好潮汐浙江通抱甕觀朝槿揮絃送遠鴻春暉君自愛再見古人風

臨江仙　紀映鍾

湖浸芳隄一線籬栽碧壤三弓歸來且學灌園翁春初摘露韭秋末刈霜菘　石户芝生如蓋書牀斤運成風白華歌樂與人同鹿門居半畝奔走有

豪雄

滿江紅　　王玨

咄咄長貧且莫笑承懽無策憑想像毫端忽涌綠疇紫陌驀日橐駝應健在雁門家有如神筆乍開圖足解北堂頷頭重黑　白木柄青箬笠茆檐下荊籬側儘曳杖行唫水南雲北三逕苔深松菊好一舠波穩蓴鱸出趁雚園梧竹未全荒思先澤

汪楫

丈夫不能列鼎烹鮮以祿養手捧粗糲供堂上又不能趑趄齷齪低我頷垂橐出戶囊金還木柄長

鐃共晨夕黃花紫蔓相廻環我披此圖氣欝塞李生乃欲置身於其間我聞古大人不肯學為圃志士食其力聖人胡弗取又聞邵平種瓜東門東昔者為侯今老農東陵瓜熟盡稱美其味得無與鯖同李生胡不棄爾鋤點爾筆賣文買蔬蔬可食硯田不納公家租以此娛親復華國

倪粲

為圃何異北山居紫筍黃花白草廬謝却浮名無個事忍教甘旨獨空虛

城南十畝足徘徊蔬繞茅亭甲漸開盡日溪邊倚

髙柳慈烏哺子正飛來

彈琴響動游山帖隱几風吹種樹書平生最愛山居好若到君家媿不如

年來多雨又多風湖水蒼茫浸碧空惟有園蔬顏色好時々小摘滿筠籠

可是湖湘抱甕身霜菘露韭未全貧長江放棹緣何事為有高堂隺髮人

王崇簡

養母思為圃髙懷翰墨儔鋤雲舒菜甲鑿石引山泉怡悦萱花巵優游秋錦天至人不可測奉檄咲

前賢

朋友之誼頌不忘規復綴俚句　武曾賢者也

或不以為贅乎　王崇簡

高尚何心事筆耕灌園奉毋足深情願君熟讀茗

文記莫使承歡也為名

用藕子瞻題盧鴻艸堂圖韻題灌園圖後癸丑

初夏七月時在黔署　曹申吉

昔有灌園翁結茅長白攢楚相辭若浼抱甕志常

足今朝圖畫開清風儼在目荷鋤此何人鬚眉淡

可掬養志樂林藪忘機到艸木君家好兄弟著述

皆堪録寧羡世上賢進退類拘束異時駕吾舟訪
君溪上屋相對非生客繞徑看脩竹重吟伐木篇
細認輞川軸

邁陂塘　朱彝尊

護笆籬幾層茅屋為園期占三畝蘆簾紙閣安排
易更要葯爐茶臼溪雨後須記取上番移竹春栽
柳扁舟計就算夜韭辰瓜白鹽赤米一飯儘糊口
高堂健咲御潘輿永晝好花隨意簪首疏泉帖
石開行處種樹爨僮都有悵別久對圖畫沉唫轉
覺難分手客來尋否判蹈葉門前繫船渚尾喚我

倣隣叟

大通秋
江圖

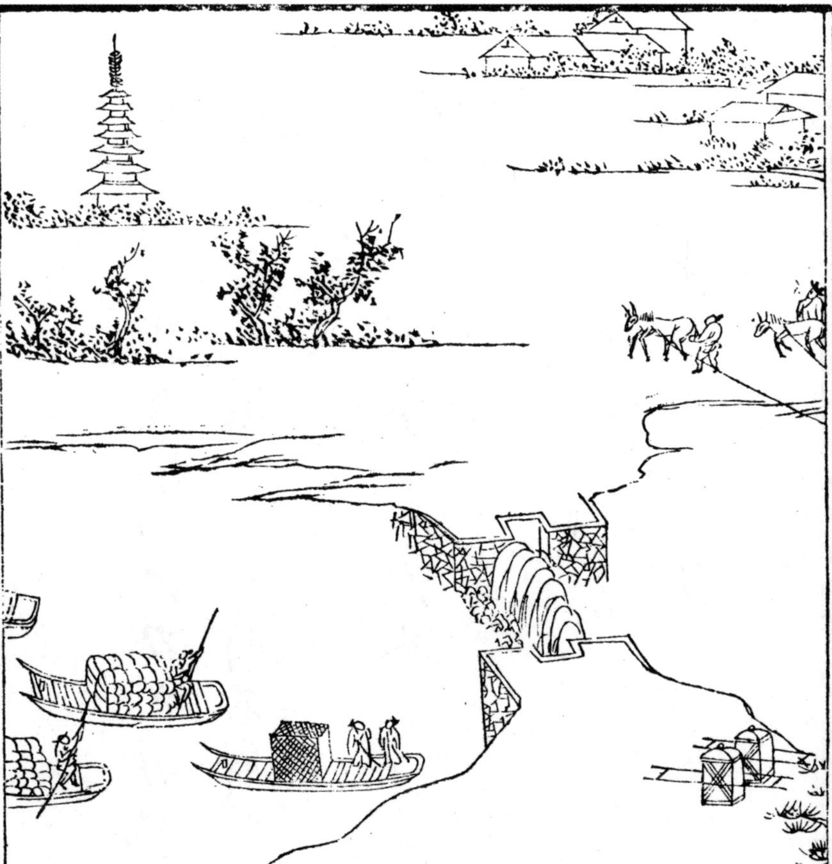

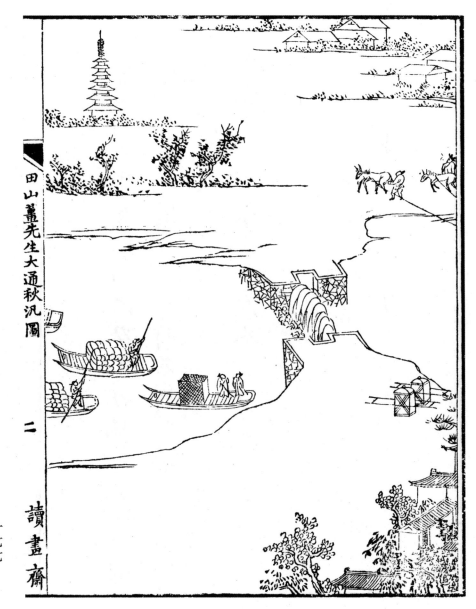

秋槎觴詠

余讀漪亭詩有東南民力之句渢渢乎仁愛悱惻真大東之遺音也一時名賢勝集不減西園曲水湯題此以弁之

康熙丁巳小春華亭沈荃

大通秋汎圖

自題　田雯

賤子行役鈍無用老牛服箱鞭不動鵶軋泥塗垂轡銜白汗翻漿四蹄重五閘瀨激長河通一橋雲脊白塔共中流破板鴨嘴船搖櫓唱籌日倥偬官帖例耗水衞錢短車苦促天庾貢一百七十萬石米常抱東南民力痛自春徂夏風日佳吏人趨走蠻觸鬨夾岸柳花半篙水何暇延賞作清供重陽料峭西風急老菊叢開燕麥種客來快馬著輕衫大呼舩上氣豪縱崩崖禿樹黃葉翻瓦罌濁酒白

衣送捩柁開頭百丈牽欸乃無聲雙賽鞚長年三
老不曾識赤脚奴子爲此弄豈是掭舟張水嬉但
同打鼓騎屋棟可笑茲遊亦草草蕭騷野態集騶
從日暮入城寒鴈來軟塵撲面同一夢郁生爲埽
秋汎圖我欲作歌招屈宋

曹貞吉

官河浩蕩城東隅舳艫銜尾舟人呼五閘屹屹蓄
水利奔流直下跳圓珠九日已過氣蕭瑟田郎治
具招我徒方舟次第羅几案琉璃色映紅鑺瑜徽
風舒舒旗脚轉波痕没折靴紋粗鳧鷺亂流唼荇

落枯楊夾岸森千株欸乃聲中魚網急恍惚身入
江南圖溪橋小市足蝦菜人聲往〻雜燕吳過峽
灘平水清淺舂以百丈驅兩驢諸君觴行乃無算
發狂大叫驚僮奴潞河浮圖倏在眼峭帆恨不淩
江湖返棹攀蘿登古堞蒼然秋色來平蕪夕陽欲
下衆山紫迴光激蕩紛有無郊壇陵廟雄制作風
雲慘淡羣靈居龍蟠虎踞勢應爾不然何以稱
皇都結束短後上馬去城頭暮角吹烏烏

王曰高

重陽昨雨放新晴軒騎雜遝來東城城隅綠水清

如玉蘭橈兩々懸雙旌田郎好客躭風雅座上名
流皆白社招携竟日恣遨遊行厨洗盞河梁下食
罷伐鼓催登舟雙槳已集柳陌頭柳絲裊々拂明
鏡朱旆翩翻疊畫樓々上雕闌十二曲々々環作
波紋緑湘簾深卷閉蛾眉月夜鳴琴韻相續門前
雀舫泛長河濃陰夾道垂楊多淼々澄光接天碧
鵁鶄鳧雁嬉晴波百丈斜牽驅雙々蹇笑倒陸郎眼
欲汯下牐更舩重易席湍流喧豗如飛練兩岸觀
者若堵牆斜日射人障以扇迤邐柳塘堪纜維石
門犬吠客來窺登臨未及多懷古相將徐步水之

湄劇談袒跣更大叫縱横今古皆天妙高岡蜒蜿亘如山努力同登聊俯眺路人云是故元城遺址今仍護　帝京夕陽西下秋樹杪風吹寒葉颯〻鳴白雲在天時舒卷傲睨頽唐意氣傾回舟緩〻載酒隨紅霞漸歛白日馳登岸揮鞭入城郭倒却接䍦渾不知

顏光敏

我生隨地逢重陽放舩獨數金陵快江心柁樓一丈高坐見洪濤納千派赤波萬頃接扶桑突立江豚向天拜爛醉豈知津吏迎狂呼每犯舟人戒自

從都市飽塵坱常憶秋空浮沆瀣潞河以西接天庚儼如斥堠分疆界田郎才大無與儔衙前秋水添澎湃撥金伐鼓羅衆賓短咏長歌出官廨昨宵雨阻龍山飲曉雲散落如崩壞游魚潑剌跳相濺菊花細瑣沿村賣慶豐閘水争喧豗漚沫旋渦轉幽怪海上鯨鯢不自戢空中雕鶚誰能鎩金臺已平馬骨朽當杯豈暇論興敗與君細話金陵遊夢覓相逐憐行邁何時携手三山巔下瞰神州似纖芥

林堯英

田子爾能歕吐跑突之飛流骨格蕭爽誰與儔水
關毿石縛亭子頗似張融岸上舟昨日戎〻山雨
來登高臯負冥鴻秋晨朝風色霽更好折簡報我
東河遊紅螺爲薔沙棠楫紫英黃叢置兩頭此地
汧瀨數尺許老蛟亦或潛深湫須臾上客驅騄出
銀匼錦帕紛相糾輿臺趨走疾撣汗榜人牽挽驚
哀猨五閘迸開跌蕩〻棰底下瀉如圓甌世間樂
事那有此觀者摩肩提新篘兩岸老樹霜拳打烏
飛不救落楓稠平頭行觴酒將半河干容與揚棹
謳賀老琵琶李謩笛鵁鶄翡翠皷啁啾各言樂極

不可又閃忽側柁檣烏收憶爾昔刺湖心艇蓴絲
卷葉凝脂柔對菰六橋渺在眼宗炳動搖良悠〻
西湖郁生亦好手鼠鬚兒得璽與邱圖成痛飲臥
其下衆岫倒浸林塘幽

汪懋麟

京東東門連夾城城上角樓頗高亢門外長橋跨
大河轉粟轟〻車萬兩上橋輪蹄莽縱橫爭門入
畜互擊撞常時送客扛籃輿跼步欹斜防跌踢今
秋新霽塵不飛田郎招我泛青漲聽事臨流足松
竹行廚及午陳脯醬蒯匙一飽循河干突兀方舟

此遊翛連檣結纜排米船繡段紅鍮作行障遥隄
最愛草樹齊逆浪還憐鷁鴨放岸邊亦有高下樓
朱袴青蛾出相望客喧船重風力微北地搖舟如
界盪長繩並逐青驢牽短篙漫憶黃頭唱五里一
鬧如面牆下板橫波不肯讓鬧東更有雙棹迎日
映簾泉屹相向懽情爛湧屭蜀交主人大呼倒官
釀一時供帳皁隸趨吾徒顧此神色王京朝之官
人所榮如魚中鉤徒弄吭鬧元選勝成故文妄想
緡錢曲江上況復四郊暗戎馬咄嗟行樂理實曠
人生快意須目前車壁空插朱雀桁諸公戀戀思

繪圖田郎推我寫圖狀忠恕精神雖未工和之大意吾能相寒宵放筆作綿蕞指點谿山呼巧匠

宋犖

田子磊落天人姿一官郎署聊棲遲太倉之粟轉輸急城隅坐閱舟車馳東南民力近已竭唱籌河上恒攢眉岸柳汀花轉蕭瑟俯仰正值清秋時尊酒招尋展懷抱輕船容與浮漣漪揆簡應劉賦公讌南谿不數昌黎詩生綃誰為寫秋汎丹青直欲凌和之南宋馬和之繄余臥痾掩蓬户國門咫尺如天涯傳來卷軸歎奇絕摩挲三日右手胝長安冠蓋

少閒暇公等獨與烟波期淹留觴咏狎漚鳥風流
還可千年垂但願普天洗兵馬曲江選勝常追隨

用東坡百步洪韻　　宋　炘

橋下急浪翻白波橋上車騎覺如梭故人要客共
秋汎水光湛湛鏡新磨長纜百丈無人挽兩驢牽
曳走荒坡蟋蟀啁哳鳴頽岸寒菊幾點映枯荷游
魚聞聲倏遠逝跳波時見生圓渦停橈更向閘邊
立建瓴直下翻長河西風獵獵動衰柳黃葉正墜
金巨羅岸邊高冢知誰氏草中唯見石槖駝扶節
共涉荒岡上河形一帶如委蛇仰觀白雲邁迢忽

坐撫青松窺鳥窠自古繁華如轉轂今我不樂復
如何日暮迴船各歸去馬上酩酊衆所訶

張完臣

深秋雨後秋容肅有客招尋臨水曲河橋飯罷遡
清溪解纜移舟泛空淥是時近午日晴明遠水遥
山浄如沐淡沲湖光羅縠紋森䟽野色攢雲木須
臾雷霆聲入耳水勢洶〻欲崩屋艤舟回首望驚
濤乃知川湧為閘束激而行之非水性人力可以
司洩蓄奔流跳沫同鬳沸置身疑對匡廬瀑夾岸
青岑帶回薄顧盼欲窮千里目旁窺邱壑快躋攀

登高擬為重陽續中流返棹意未闌歡呼仍覆杯
中酥夕陽雖好近黃昏歸舟不似剡谿促喧闐渡
口又一時城隅分手澋躑躅歸來逸興尚遄飛明
月滿遲風動竹

趙文煚

玉泉山水流通川長河疏濬城東偏貢米東南數
萬千官吏奔走日周旋太倉陳〻度支傳民部心
閑秋水邊招來數子相後先風雨纔過重陽天水
涵秋氣清且漣黃葉飄風落如翻泛舟數里無市
廛岸北岸南皆平田衰柳淒〻籠暮烟蘆荻蒼〻

斜陽前主賓相顧意陶然喜得酣歌避塵緣縱無
歘乃無管絃黃花野趣似當年宋丁昭民部曾招飲此地清風
閘口聊泊船水勢瀉如瀑布泉田郎沽酒捐俸錢
不論清濁比聖賢大聲隔水喚魚筌何必兼味滿
華筵晚風蕭〻送客還一詠一觴湯扣舷

葉封

金遼故河長瀰〻一綫遥通幾千里虹橋跨岸漕
艘來東南民力萃於此田子司存假休沐與客揚
舲泛清泚是時九月菊初放踈柳殘蕖映蒲葦桔
槔咿軋鳴野皋凫雁浮沉泳芳沚撫掌鼓枻淩蒼

茫欲采蘋花涉流水杯傾琥珀香鬱金盤出銀絲
鱠鮮鯉竹肉雜沓情屢移簪屐縱橫樂無紀狂呼
泥飲忘所歸忽凝烟光暮山紫誰其憑虛如御風
宛在清秋畫圖裏嘗聞舊有章宗園改作他園亦
凋毁　游龜從久寂寥白物衝波一何傀濯纓亭
下行人行濤鼓頻逝舟銜尾嗟乎何時休甲兵盡
挽天河醉中洗

李　符

玉泉山下清流急齊化門東河水碧河邊風物秋
更佳瀲灩波光同一色德州田郎雅好遊翠蓋張

筵汎舟入侍史執簡東西馳相邀仙侶金門客雙
驢負筰沙棠開蕩漾中流不用楫馮尸擊鼓榜人
歌絶勝秦筝并羌笛是時天氣生新涼斜日寒潭
晚蕭瑟雲林兩岸楓葉稀霜柿官梨齊結實對此
那能不相賞鸕鷀杓引葡萄汁興酣汲水研隃麋
灑翰淋漓滿瑶席一時雅集非偶然遂令盛事傳
京國公卿宴游閒林壑命駕必著西山屐不爾便
看天壇松筍輿幾兩馬幾匹大通橋頭了不顧爲
猒肩摩車轂擊通潞争輸太倉米橋下連船密於
織共道此地多喧囂誰知放櫂得幽適輞川之圖

渼陂詠睿闡杜陵與摩詰從來名勝以人傳詩畫休教教等閒擲

顧嗣曾

田郎壁畫秋汎圖邀我試作秋汎歌手僵指凍膚皴裂三日五日夙諾過世間能事非逼促往往悠忽成蹉跎酒酣拔劍欲起舞欝塞磊落胸中多長嘯掀髯消不得悲從中來奈爾何嗚呼大雅久不作起衰時際唐元和田郎尚書屬農部吏事綜核無差訛持節天庾視盈縮九州納米非納禾萬艘連檣刳腹滿百石脂轄牽牛馱五閘飛輸煩轉遞

黃鍾累黍平無頗玉泉毃溜閘瀧〻旋輪激矢迴
淪波潦盡秋深鑒毛髮不比桑乾與滹沱國脉泉
源視衰旺直達津門出潞河如坻如京積倉盛大
通一綫為撫邏鑿石虹梁駕孔道碑趺贔立何嵯
峩田郎風流題柱客會計已當職匪他公餘徧有
詩騷癖召客清秋把芰荷畫槳輕橈載美酒彷彿
赤壁遊東坡岸幘狂吟墮水底軒渠驚起飛鴛鷺
詞人好事紛題集碑陰幼婦矜曾娥北山黃門奮
高唱汪生寫圖如擘窠子建黃初逮領謝下至林
逋賦軸滿伯符公子慷以慨秉燭朗誦毃戛摩吳

蒙縱觀咋舌退兩頰汗泚顏為酡犨眉齵齒效長
句其則不遠尋斧柯寒畯骯髒負奇骨焉肯脂韋
同姘婀區〻儒術宗派遠詩書鄒魯孔與軻諸公
山左多人傑朝宗渤海岱山阿一夕談心揮麈劇
十年額學承磋磨只今四方漸底績秦關越嶠衅
干戈浮舟置酒歡清晏濠梁達觀身婆娑何分在
朝或在野太平黼黻争吟哦

孟亮揆

燕山九月秋光好井梧凋落丹楓老大通橋下鼓
潺湲一水縈洄媚清曉京兆田郎題柱才自公餘

暇恣幽討最宜此地泛蘭舠載酒招朋周覽眺沿
緣雙棹盡郊堤一片蒼葭間紅蓼出沒波間浴野
鷗飛翔田畔叫沙鵠推蓬起視灌莽間不斷牛車
碾轢草徃來如織何喧豗半是太倉輸秔稻夾岸
輪蹄十丈塵人在中流隔三島賓主為歡興若狂
百杯深酌展懷抱葡萄色映錦鑺鍮狼籍盤飧醉
且飽五閘奔流轉睫過城闕浮圖天半小停橈散
步登高原眼底飛埃净如掃曾聞昨朝風雨辰戲
馬臺前車蓋遶彷彿落帽龍山時千古風流共傾
倒江山何地無佳游不妨選勝長安道長安盛事

渺難逢所貴人生行樂早好倩名手寫生綃尺幅
煙雲真縹緲恍惚身上木蘭舟座上清歌同李趙
敢希謝朓驚人詩搔首高吟問穹昊

謝重輝

長安終日苦束縛騎馬乘閑聊作達撲面塵埃少
領色興盡俗情竟難脱吾友田生稱好奇半載水
衢困轇轕秋深度支官粟完邀我共看秋濤潤青
簾白舫趂風日鳴鑼打鼓尋幽豁座中主賓盡名
士乘流歌嘯吟鬚捋岸頭老對勢杈枒洲邉鸂鶒
相呼聒閙窮更易十斛舟回望奔流如箭筈雲霾

浪打惱龍眠時有魚舠來一抹田生頻呼官醪出
倚闌大呼神飛越日斜醉劇促歸棹更上危厓俯
鷓鴣吾徒本是疎散人一官轉使幽情割何不掉
首去風塵閒傍清流洗銅鉢

朱彝尊

田郎與我相識今十年新詩日下萬古爭流傳黃
塵撲面三伏火雲熱每誦子作令我心爽然開軒
示我秋汎圖五丈鴨頭畫出宛似吳中船大通橋
北官舍最湫隘箕筥斗斛囊槖羣喧闐他人對此
束縛不得去田郎掉頭一笑浮輕漣疎花蒙龍而

岸渡頭發蹇驢蹴蹙百丈風中牽五里十里長亭
短亭出千絲萬絲柳枝楊枝眠當其快意何啻天
上坐酒杯入手興至吟尤顛慶豐閘口自有此渠
水未知經過誰子曾洄沿倉曺題柱名姓不可數
似子飛揚跌宕真無前長安酒人一時賦長向我
亦對客點筆銀光戕篷窻寂寞不妨添畫我從子
日々高詠秋水篇

廬山行腳圖

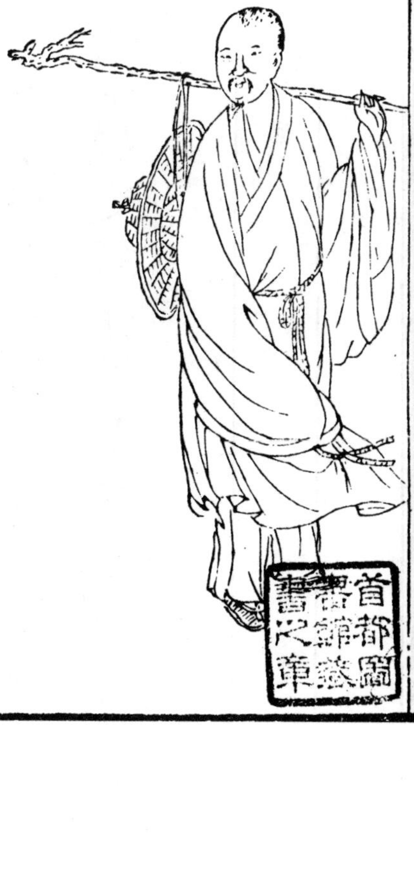

首都圖書館藏書之章

李畊客先生名符原名符遠字分虎小字卯君嘉興人秋錦徵士季弟也工詩詞尤精駢體曾游洱海遇碧雞山道士謂先生前身是廬山行脚僧十年後當仍歸廬山乃屬畫史寫行脚圖篆癸酉二字于瓢以志入山之期焉按梅里志長水之上有桃鄉先生築花南老屋于此王石谷翬為寫桃鄉圖並題卷末有結隣偕隱之語余將訪而並刋于後特附誌之

廬山行脚圖

歲己酉客洱海訪碧雞山道士有神術謂余前身是廬山種菜僧居長自念他生不須為富貴人故予今世僅得智慧與壽耳聞其言恍若有悟便作結茅東林想道士曰子尚有江湖之緣俟至二十五年後可矣予識之勿忘今遇虞山楊生善寫貌索繪是圖以見志瓢背篆癸酉字是予入山之年也康熙壬戌上冬桃鄉農自識

曹貞吉

桐帽椶鞋尚未能軟塵十丈苦相仍三生彈指渾

如夢輸爾廬山種菜僧
未消眉宇英雄色何事維摩共一龕寄語碧雞狂
道士且留詞客住江南
屠雲
瘦體長於碧鸛鵲艷詞多似黑蚍蜉兜鞋拄杖不
解滑它日還應叅石頭
忽成霞想厭塵容那識前身是永公爲憶匡山舊
題句飄然一咲篇遺風
朱彝尊
畫裏分明廬岳僧雲峯有約十年登江湖到處勾

畱住看爾入山能不能
桃鄉一望水挼藍擬結隣居共釣潭休信碧雞狂
道士閒拋老屋在華南
京華何意見斯人莫遣丹青點陌塵柳癭藤枝銘
歲月香爐峯底覓前身
泡影流光劇可憐三生指點事依然被他一語還
成縛十五年過更十年

孫眉光

野鶴丰姿薄海空年々長劍走西東定知閱盡人

閲世故寄閒情片笠中

才名廿載劇清新忽向山翁感昔因我亦荷鋤挑菜去他生應許作詩人

沈岸登

萬里芒鞵踏旅塵笠支可許是前身他時擬結匡山社共坐蒲團説勝因

野鶴閒雲不可招懶將生計問漁樵儂家一綫清溪水輸爾紅藤杖底瓢

龔翔麟

一瓢一笠一枝藤一緉椶鞵破雪稜是處雲山留

好句他年容易訪行僧
少日曾張擊佛拳而今却話白頭禪咲他島可詩名賤住静何如八洞天

高士奇

五畝江村水竹居吾將終老灌園蔬曰君忽動匡廬興想是前生共荷鋤
花滿桃鄉一水邊雞豚社酒足年年擔瓢戴笠更何往綺語從今莫入禪

沈皡日

頂笠肩藤何處行世間世外艸鞵輕浮雲遮得楞

伽暗漏却桃鄉一綫明
淵草叢花靈鷲春何人不合悟三身十年後更相
逢處驗取瘿瓢緑字新
沈季友
燕北題詩昔未曾花南見畫剪春燈英雄只合開
瓢笠妬爾前身話老僧
我愛廬山三叠泉入山招我共耕烟五年已是相
思慣打點相思再五年記甲子言别已巳春題此去癸酉尚有五年云
朱昆田
卯君顛頹坐詩饑笑着三生片佛衣燒硯舊曾煩

畫史打包又欲問禪扉
虬枝六尺挂楠瘤梦裏名山恣意遊遲我十年婚
嫁畢去尋廬岳舊園頭
[redacted]
焚却紅絲與紫瓊青鞋黃帽一身輕披圖翻悔逃
禪晚南北車帆誤半生
新線重縫舊衲衣閒情好共野雲飛只憐同調吳
根滿般若休言去不歸
金介復
前身種菜今行脚辛苦芒鞵路萬千三十年来真

澇浪不曾留得買山錢
曾呼小字君為匏瓢記逃禪在酉年從此深山自
朝暮尋常甲子不須編
真媧
廬山寺裏老園頭踏盡千峯萬壑秋吾亦未完行
腳債好教結伴與同游

月波吹笛圖

朱西畯先生月波吹笛圖　二　讀畫齋

朱西畯先生名昆田字文盎初名德壽小名阿鏐又名掌㲄國學生秀水人檢討竹垞先生子世稱小朱十是也少穎異長歷幕府所交皆四方名士詩盤硬語作小楷書秀媚絕倫華亭高菰村㬪雲曰文盎嗜書性成睥睨流俗踔躒古今幾於父子之間各欲成其不朽著有笛漁小稾十卷南北史識小錄十六卷又採古今騷詩詞三體雋語依韵分編名三體摭韵畢生精力盡萃於此江都禹鴻臚爲畫月波吹笛圖題者多至四十五家亦可謂一時之盛云

月波吹笛圖

自題　　朱昆田

夜色糢糊水面寬涼烟漠漠月團〻一枝漁笛一枝櫓半入蘆灘半蓼灘

人間隨地是風波湖上歸来樂事多載得漁兒與蕩女楚歌不唱〻吴歌

来三十五住吾州為戀蓴鱸買釣舟我亦還家作漁父夜涼吹笛月波樓

吴儂種水是生涯朝對荷花暮芡花蟹舍即當漁屋小垂楊影裏占鷗沙

禹郎畫筆近来無邀寫鴛鴦一片湖不見當年黃子久由拳曾作讀書圖取朱希真漁父詞意作三絶句索廣陵禹尚基畫

查嗣瑮

曾記仙翁鐵笛詞笑他俗客倚樓詩看船鶴去天如海我欲從君作槳師

笛聲流共水聲流清滑南湖一片秋好載綠蓑隨意去便逢烟雨不須愁月波樓即烟雨樓俗訛也

惠周惕

芡棹輕移白鷺邊芙蓉花外水如天夜深寐寐半湖月鐵笛一聲風滿船

恰如聖女黃樓下吹笛挐舟百步洪李白死來無
此樂好拈詩句問坡公
長笛自吹還自詠剌船波面月生時知君已厭東
華客賸有閒情作釣師
蓼花灘上月明多獨速扁舟着短簑我亦江南老
漁叟試敲銅斗為君歌

張大受

畫裏溪山笛裏春綠簑衣稱少年人迴頭一笑淩
烟客纔着丹青髮似銀
蓴鱸能引江南思只有吾家老步兵今日鴛鴦湖

上客櫂歌初轉月初生

閒上野航吹鐵篴蓼花風亂碧沙汀數聲不似歌

漁火定有蛟龍夜出聽

沈　進

晴波演漾月千尋一片清寥蔕岸陰祇恐荒江添

寂寞故吹短笛作龍吟

曾鞭惡馬軟塵中頗肯蕭然對水濱莫聽人言再

西笑此間安穩是漁篷

錢是式

月波樓下吹橫笛湖水湖煙濕雨衣解得江南風

景好夜深長棹釣師歸

吳歌吹出月明中菱葉萍花面〻風走盡人間知已少煙波添得一簑翁

蟹舍漁莊處〻家輕雲淡月龍溪沙鷥鶩湖上一聲笛落盡秋風十里花

金介復

東走青齊北走燕幾番約我伴吟鞭如何早作尋閒計十里漁鄉佳釣船

戴公鍸

歸來曾註種魚經一棹烟波月滿汀應為江湖風

浪惡釣船只戀落帆亭

李良年

遊衫歸挂蓼花邊閒試柯亭舊劉椽月似涼波烟似雨未登樓去且移船

一片湖光一寸心一番愁思寫來深宮商笑汝工何益舉國如今好野音

吳樫

欲泛書船范蠡湖頭惟酒甕尾魚罛有時飲罷還垂釣此意君先占畫圖

薄醉醒來月滿篷櫂頭隨意柳風拖試看畫裏小

朱十不似山程倦馬駝

陸奎勳

荻花風起亂鴉啼鐵笛橫吹調漸低月到湖心圓
更好不將艇子碎玻瓈
月波樓外天如夢沙際拳鷗宿幾雙夜半梅花吹
入破小紅也合坐篷窗

蔡耀

客裏相逢悔遠遊故園愁絶月波樓〻前烟月長
如此折葦叢中幾釣舟
五年纔得返菰蘆又着征衫走上都一束輕裝須

檢點莫教塵涴月波圖

梁佩蘭

射鴨人稀落晚潮高樓銜月水烟消一聲長笛湖魚出菱葉蘆花歷亂搖

柳條霜折凍聲多湖尾湖頭送玉波却笑高人忙底事滿船星宿尚吟哦

史伸

絕無艇子水邊過柰此空濛一派何裊裊孤吹最明夜直隨秋落洞庭波

湯右曾

蘆花楓葉一漁竿掛出青天白玉盤閒倚秋風一聲笛水雲多處最蒼寒

可惜征衫依舊青仍攜鐵笛過江亭潯陽西上方空濶定有蛟龍夜出聽時方有粵東之遊故及之

王原

露掃湖光十里開蒼波無極浸樓臺桂花枝冷素娥老誰引閒愁月裏來

鴛湖烟景畫無雙端的佳名擅此邦夜半臨風吹鐵笛扁舟恰似在松江

張尚瑗

曾驚陸海有沙瀾獨寢橫流不羡安一曲清商吹
苦調金波迴蕩夜深寒
裂石穿雲豈偶然潛蛟夜舞鶴橫天也因市上知
音少譜作龍吟向水邊
程仕
小艇溪邊捲釣絲薄寒天氣晚秋時笛聲吹徹黄
昏後只任微風當槳師
鴛鴦湖水繞魚鱗縹緲高樓傍水濱楊柳岸頭明
月下可應同調更無人
龔翔麟

荻蘆花白楊柳黃烏蓬七尺烟茫〻愛看明月不
歸去橫笛一聲秋水長
層樓無復酒人過遺俗猶能釀月波三十六鴛鴦
睡處不妨頻喚小紅歌
郭麟徵
袁宏牛渚曾吹笛王粲荆南亦倚樓最羨鴛湖小
朱十清唫不減舊風流
櫪頭艇子矮安蓬烟渚沙汀一笛風此意沉吟吾
已久浮家相逐水西東
徐燿然

鴛鴦湖畔小朱十三十六陂釣一竿年〻驢背不
歸去夢裏家鄉畫裏看

軟紅塵土去来頻蘆雨蘋風秋復春剪取吳綾寫
煙水幾時真作畫中人

顧仲清

淂魚換酒注葫蘆市上歸来月滿湖飲罷柳根纜
觧纜沙禽隔岸已相呼

絲竹紛〻烟雨遊蒼茫誰問月波樓孤篷短笛無
人識占斷鴛鴦一片秋

沈名蓀

趙佗臺畔客經時著白蕉衫敢荔枝今日披圖繞
省却西湖久負一綸絲
青竹篷低鐵笛橫何時同載入空明船回月午樓
陰直一片秋林颯〻聲

楊中訥

湖光漸起白煙收頃刻空明滿〻浮一笛風清何
處落水邊楊柳月波樓
竹亭花隝儘清妍到底輸君却自然一片鴛湖今
領取不教烟水但年年

查嗣璉

落様蓑衣緑蓋篷輕篙閙破月明中水禽兩〻踏
波去獨倚蘋洲一笛風

一天雲細作魚鱗千頃玻瓈瀉濕銀解聽鶴南飛
曲好不知誰是倚樓人

曹三才

斜笛沉吟還未吹葫蘆蓑笠烱雙眉此時無限滄
洲意相對樓頭月一規

顧永年

小泊蘆汀思不窮滿湖明月滿樓風儘他領取無
邊趣都付梅花一笛中

本愛清光避俗塵相看俱是畫中人如何此福難
消受辜負西湖又十春

魏坤

小長蘆住小朱十詩卷長攜放棹行獨坐船頭夜
吹笛露花寒逼十分清

曾宿烟篷過夜分江樓鐵笛杳難聞何如三弄月
波畔黃鶴仙人輸與君

自蹈塵沙貌漸癯十年落魄笑吹竽幾時銜尾移
船去爾占鴛湖我鶴湖

輕烟一抹水三篙吹到湖心轉泬寥怪底無人攜
酒聽滿天風雨拔潛蛟
月波樓畔一聲笛槐樹街頭千卷書領得此中空
洞意短篷高蓋總相如
馮廷槐
瀲〻波光淡〻煙蘆花蕩裏晚停船江東風月誰
題品盡付南湖水墨仙
一曲滄浪放棹迴蘋風初動浪花開捲圖好向丹
青道更寫金魚入釣来
笑拍黃公舊酒壚紅塵遊戲亦須臾而今我欲浮

家去肯割雙溪一半無

徐焯然

秋風一剪散秋蘋短艇孤蓬寄此身長笛滿空人
寂〻月光如水〻如銀

素衣緇盡悔無端謝却黄塵把釣竿多少閑情輸
與爾家鄉好景畫圖看

胡介祉

曾吹黄鶴樓頭笛也泛鴛鴦湖上船過眼溪山已
難得披圖輸爾占雲烟

湖堤宛轉歷重橋露葦風蘋拂櫓腰萬頃晴波一

聲笛月明無際夜迢迢

陳偁

小舟隨意住鷗汀檣酒殘傾半醉醒湖上何人更相識月明波濶晚烟青

綠蓑青笠幾時還樓下鴛鴦箇箇閒我亦西湖垂釣者常吹一笛過孤山

茅駿

一蓬一笛月昏黄墜釣鱸腮滿暮筐青笠綠蓑隨意去任教細雨濕横塘

見說南湖楊栁邉松皮盖屋小如拳乂魚養鴨吾

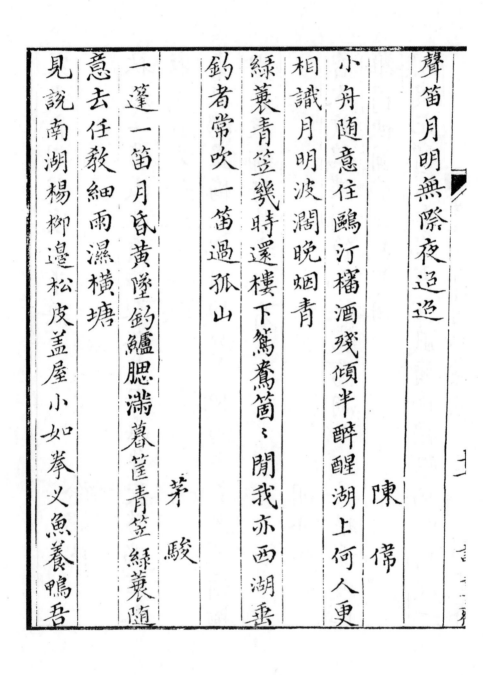

曾慣欲向圖中補釣船

魚邱綑

魚鱗天影夜糢糊菱葉菱花興不孤截得籠籦開短笛一聲吹出月波圖

玻瓈盆底漾清秋不數風流趙倚樓明月緑蓑圖畫裏許君安穩坐漁舟

月作生涯水作鄰帰来愛着紫荷巾冷雲空翠難消受合讓烟波號主人

蓼邨綘

風微月淡水粘天斗笠漁竿上小船鐵笛一聲吹

入破鴛鴦無數拍涼烟

插篙抽櫓泊清波為愛樓前作釣歌楓葉沙汀人
寂寞一篷秋色一堆蓑

程遠

何處蘆花淺水邊南湖蓑笠自年〻樓頭楊柳枝
頭月短笛長歌載酒船

趙綱

歷下亭邊好溯沿披圖今日憶當年只無短笛橫
吹着也是凄清淡沱天辛未三月同遊大明湖風景正復相似

潋〻平湖月上遲窄衫圓笠最相宜何當重泊蘆

洲外曲罷酒酣濃睡時

徐亭

高城舊壓月波樓一片揉藍水國秋最愛晚涼風
力定半篙不礙荇絲柔
青鞵踏破關山月又向柯亭竹裏生好譜還傳折
楊柳一時吹出故鄉聲

高不騫

澄邊一艇罨青蒹空際高樓聳月波風笛聲中渾
不辨月光多與水光多
我亦蓴鄉作釣師宵眠跂脚畫軒眉何時搖櫓逢

君處雙調同吹西塞詞

李潮偕

南帆北轍勞〻甚寫作閒身入画圖從此知君解吹笛便邀三弄肯来無

琴到刺船尋海叟簫能下鳳憶仙人君横一曲家鄉月猶恠風前有市塵

喬崇烈

十分明月一分秋蓬外微茫百尺樓賸欲相尋在何許笛聲吹出荻花洲

水色烟光足瀰泗不隨行蟻入枯槐何人解洗箏

琶耳只與沙鷗約往来

顧孫璜

一辭塵土樂雲泉古調吹来韻欲仙月滿樓頭波不起江湖何必問長年

每見掀髯笑詠詩盈々只恨溯洄遲於今識得當年面莫道相逢異昔時

許廷采

月波樓畔月溶々棹入蘆花第幾重斜插漁竿横一笛只愁驚起水中龍

尊酒相逢舜子鄉西圖留取舊行藏只今面目原

無異添得愁髭半尺長

張景載

烟滿湖堤月滿天形骸放浪水雲邊蛤蜊菰葉生
涯好閒弄漁舟已十年

描寫襟懷入畫圖一蓑一笠寄菰蒲凌雲縱有相
如賦何似烟波作釣徒

沈岍登

乍脫塵衫自刺船卓篙小泊始涼天月波樓外秋
何似踈柳長蘆夜悄然

微風吹動水生鱗瑟瑟湘紋淡墨皴長笛一聲蓬

葉底倦遊不作倚樓人

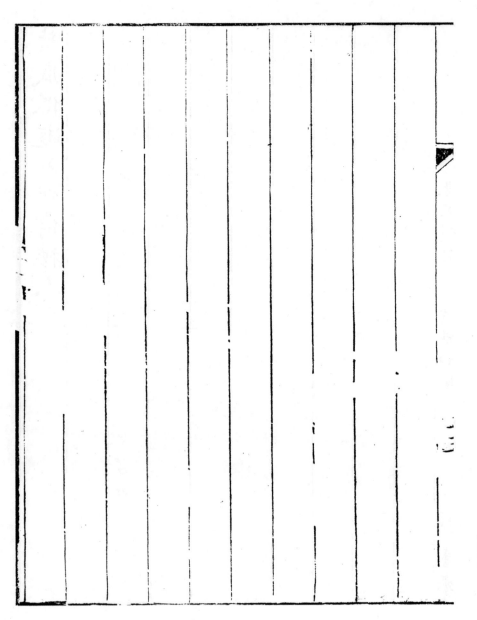

右偶輯一帙余爲校畢私心竊喜曰以鮑金二先生之好事購訪國初諸老之圖僅十有一而吾鄉前輩列七圖爲竹垞先生父子凡五圖李徵士秋錦先生得二圖噫盛矣哉是七圖皆於髫齡時即盥手讀之今摹本不爽毫髮吾黨之未見原圖者對之亦可怡情已余按竹垞諸圖烟雨歸耕最早錢塘戴蔬湄(蒼)所畫越五年海陵曹次岳(岳)爲畫竹垞圖歲己巳寫小長蘆圖則禹鴻臚(之鼎)之筆也最後屬梅耦長(庚)寫豆棚銷夏圖歲在戊寅竹垞翁年已七十不復倩

人題句重李徵士灌園圖按堯峰記文在康熙七年戊申圖之君其友文與可熙也又堯峰有灌園詩後一序寓托深遠可以採摭補於圖後也虞山行脚圖康熙二十一年壬戌虞山楊晉所作也至於小米十之月波吹笛圖亦出禹鴻臚之手其年月無從考重亞餘王九陳田四公之圖俱係不朽海內之士至今稱道之蠟之獨詳考七圖歲月之先後并及作畫者之姓氏以其有關於朱李兩家之交游出處也讀百字令至葉景鴻舒璐龢云贏得圖將粉本在留与人

間爭購今日之珍重前賢圖繪鴻景曷預知之而惜之不厭覼縷者非有私於鄉先輩蓋亦欲偕之同好云爾嘉慶已巳冬日長水楊墻女朴氏跋